教師になったら 読む本

兵庫県姫路市立小学校　小川真也

まえがき

「なぜ，教師になろうと思ったのですか？」

　この質問は，教師をしていれば一度のみならず，学生時代，教員採用試験，新任時代，そしてベテランになってからも，ふとしたときに投げかけられるものです。そして，その答えの多くが，

　「学生時代に，素敵な先生に出会って…」

　という恩師の影響ではないのでしょうか？　もしくは，「親が教師で…」という教師の背中を見て育った方も多いと思います。なかには，「学園もののドラマで見た教師が楽しそうで…」という方もいらっしゃるかもしれません。

　いずれにせよ，この教師という職業は目指そうとしなければ，決して就くことができない職業である，と私は思います。そして，この本を手にとられたみなさんは，おそらく教師を目指していらっしゃるか，数々の障壁を乗り越えてこの度見事教師になられたか，教師になってすでに幾年か経験を積んでいらっしゃるか，のどれかではないでしょうか。

　私が教師になりたての頃，正確には臨時講師だったのですが，大学の卒業式が3月の末にあり，4日後に兵庫県内の小学校に着任しました。もうわけがわからなかったですね。ついこの前まで学生だった者が，校長室で「小川先生は，4年生の担任をしていただきます。他には，…」という説明を聞いているのです。もう頭は真っ白でしたから，ほとんど記憶に残っていません。子どもたちが登校してくるまで1週間ほどあるのですが，職員室に座っている自分がなんか自分ではないみたいで，心どころか身体もここにあらずという感じで日々を過ごしていました。

　新学期が始まり，子どもたちが登校してきてからは怒涛の如く過ぎていきました…とお話したいところですが，実は，最初の1年はほとんど覚えていないのです。断片的には記憶にあるのですが，ただがむしゃらに過ごしていきました。学生時代，教育実習4週間で4回授業をさせていただきましたが，私にとって最大であるその経験値は，たった1日で越えられてしまいました。

　大学時代，不真面目というわけではなかったはずですが，それでも，日々の教師の仕事をまったくこなすことができない。出勤してから職員室での打ち合わせ，教室に行くと山積みにされたノートがあり，休み時間には「せんせ～」と子どもがまとわり

つき，何の準備もできないまま授業が始まる…。放課後は，ドリルやノートを添削したいのに，会議や打ち合わせがあったり，またもや子どもが「せんせ～」と遊びに来るし（昔はこんな感じだったのです），いろいろして気が付いたらもう19時を回り，「あ，明日の授業，まだ何も考えてない…」という事実に直面する，という毎日を送っていました。

　そのような生活の中で思ったのが，「先輩の先生方はいつ仕事をされているのだろう？」ということでした。実際，私はいろいろと聞きまわるものですから，それに答えてくださる先輩方は，仕事の手を止めていらっしゃるわけです。さらに，校務分掌や学年の業務などもこなしつつ，私よりも早く退勤される…もはやマジックみたいでしたね。今から思えば，いろいろとコツがあったらしいのですが，そんなことは当時の新米教師には知る由もなく，日々がむしゃらでした。

　この本では，そんな先輩方から教わった仕事のコツと，私が失敗を重ねて身につけた「うまくいったパターン」を紹介しています。授業以外でも，いろいろと大変な教師の仕事を1冊にまとめてみました。学級経営から生徒指導，保護者対応に，職員との付き合い方，そして，地域とのつながりまで。少しでもみなさんの教師人生の参考になれば，幸いです。

小川真也

もくじ

第1章

第2章

第3章

第4章

第5章

第6章

第1章

授業づくり

教材研究

資料について

発問

板書

ペア&グループトーク

ノート指導

発表形式

学習ゲーム

授業を盛り上げる技

学習アイテム

第1章
第2章
第3章
第4章
第5章
第6章

第1章 授業づくり

　みなさんにとって，日々の教師の仕事で一番頭を悩ませているのは，授業ではないでしょうか。毎日5〜6時間の授業を担当されている方も多いと思います。小学校の担任ともなれば，ほぼ全教科をひとりで教えなければなりません。しかも，中学校や小学校高学年の教科担任であれば，一度した授業を繰り返し行うこともできますが，**小学校の担任はほとんどすべてが一度っきりの授業**になります。

　先輩の教師からも「おれたちの仕事で一番大事なのは，授業だ」と言われたり，「いい授業をすれば，いいクラスになる」と言われたり，授業の重要性は何度も何度も言い聞かされました。そりゃあどんなに経験がなくたって，教師たるもの授業が大事なことぐらいは言われなくてもわかります。しかし，「なぜ，大事なのか」は，若い時はわかりませんでした。まあ，漢字が読めなかったり，九九ができなかったりしたら，将来困るってことぐらいでしょうか。

　私は，どのようにして九九を覚えたかは記憶していませんが，今現在確実に九九は使えます。ということは，**九九の授業が大切というよりも，九九の力をつけることが大切ということ**になります。教師側から見るか，子ども側から見るかの違いですが，授業とは子どもがそれぞれの発達の段階において必要な知識や考え方を身につける時間と捉えたらわかりやすいと思います。

　そして，**できるならばその時間は子どもにとって有意義なものであってもらいたい**ですね。誰だって公式を詰め込んだり，ひたすら反復練習するだけの時間は，たとえ力がつくとしてもつまらないものです。だからこそ，私たちは日々の授業を考えるのです。「どうすれば子どもが興味を持つかなあ」，「どうすればクラス全員が理解できるかなあ」といったように，頭を抱えます。

　この章では，教材研究から授業で使える手法に，ちょっとしたテクニックやアイテムについて述べました。「これぐらい知ってる！」というものもあるかもしれませんが，いっしょに授業づくりのイロハについて，考えてみましょう。

教材研究

　教師にとって，もっとも大事な仕事は「授業」であり，そして，もっとも難しいのも「授業」です。この本を手にとられた先生方も日々の授業に大変悩みながら，教壇に立たれていることでしょう。ここでは，授業づくりに大切な「教材研究」について，お話いたします。

　教材研究は日頃どのようにされていますか。私はまだ経験が浅い頃は，とにかく指導書を見て，その通りに授業をしていました。授業の台本のような感じで頼り切っていましたね。しかし，やはりその授業は盛り上がるわけでもなく，子ども達が生き生きと発言するわけでもなかったのです。まあ，私の指導力によるところが多いのですが（笑）。

　自分なりに考えて試してみたり，いろいろな方から教わったりした教材研究の方法をまとめると，大きく次の3つに分類されます。

① 「教科書の本文や挿絵，図をしっかりと読み込む」

　よく先輩からは，「教科書を教えるんじゃない。教科書で教えるんだ！」と言われました。どうやら私の授業は，前者であったようです。たしかに教科書に書いてあることを教えるのですが，**大切なのは，教科書に書いてある「内容」を教えるということ**です。例えば，算数で分数を教える時は，たいてい「ジュースを分けよう」という例題があります。「なぜ，ジュースなんだろう？」と思い，そこを考えることで整数にはない分数のよさや，**子どもの生活に身近なものを扱う大切さ**に気付くことができます。教科書は，限られたスペースに様々な情報がちりばめられています。そしてそれらは，非常に考え抜かれて記載された文章であり，図であったりするのです。そこに隠された**「そこで学ぶことへのメッセージ」**を読み取ることが大切です。

メッセージがたくさん込められている！

第1章
第2章
第3章
第4章
第5章
第6章

② 「教科書に思いつくままに書き込む」

①で気づいたことや，自分が感じたこと，何でもいいのでどんどん教科書に書き込みましょう。

例えば，4年生国語「ごんぎつね」だと，本文の「ごんは穴の中でじっとすわっていました」という表現に対して，「ひまだなあ」とか「つまらない」といった登場人物の心情を書き込んだり，「村人が通った後には，ひがん花が踏みおられていました。」では，「おられている」とか「悲しい」といったように，イメージするものをどんどん書き込んだりします。こうすると，**子ども達に着目させたい文章表現や，そこから読み取ることができる情景をイメージしやすくなります。**

社会科のグラフなどは，「急に増えている！」とか「前の年の2倍だ」と書き込むことで，「なぜこんなに増えたのだろう？」という学習問題につながる意見を子どもから引き出すこともできます。いろいろ書き込み作戦は，**教科書に込められたメッセージを読み解くことに効果的**です。

③ 「子どもになって授業を受けてみる」

これで，ほぼほぼ教科書への下準備はできました。いよいよ授業づくりです。②に書き込んだことをそのまま子ども達に尋ねても，盛り上がらずただのクイズ大会になってしまいます。

ここで大切なことは，**「子どもたちに深く考えさせたいことは何か？」** ということです。一問一答形式でとんとんと～んといきたい部分や，いろいろな答えを出させたい部分などを考えて，「クラスの子ども達なら，どう答えるかなあ。〇〇さんなら，こう答えるだろう。◇◇さんにはちょっとむずかしいかなあ。」といったように，**具体的な子ども像で発問と答えをセットで考えてみましょう。**こうすることで，授業の流れがイメージできます。

子供に
なりきって
考える～

教材研究は，授業でどう使うのかということを前提に進めていくことが大切です。そのためには，**教科書の教材を，まずは教師が好きになること**です。「うわあ，このお話おもしろいなあ。」とか「へえ，スーパーマーケットにはこんな秘密があるんだ。」という気持ちをもって授業に臨むと，子ども達にその姿勢が伝わります。「これから始まる勉強は，なんかおもしろそうだな。」と子ども達に思わせたら，もう大勝利ですね。

第1章
第2章
第3章
第4章
第5章
第6章

資料について

授業では，さまざまな資料が登場します。本文もしかりですが，写真や図，グラフなどが主な資料といえるでしょう。いわゆる教科書に記載されている資料です。しかし，子どもたちが目を輝かせる資料というものは，こういったものにさらにひと工夫されたものだと思います。いくつかご紹介します。

① インパクト大
実物や模型，実演

登場するだけで，子どもたちからは「おお〜」という歓声が上がります。**実物に勝る資料はなかなかない**と思います。

例えば，社会の歴史で『金印』を登場させたことがあります。といっても実物ではなく，私が小学生のころの雑誌の付録についていたレプリカなのですが。それを私がわざわざ白い手袋をはめて，箱からうやうやしく取り出すものですから，子ども達のテンションはMAXでした。持たせてみると，その重さに驚いていました。

先ほど算数で登場したジュースを分ける場面でも，色水を使って実際に実演するだけで，**子ども達は視覚的に問題を捉えることができます。**

実はレプリカ

金印！？
ほんものや！
すごい！

② 写真や動画

教科書にある資料を使ってもよいのですが，もし自分で準備できるなら，その**資料に代わる写真**を探してみましょう。

理科の「春の自然」であれば，校庭や中庭の桜の木の様子を撮影しておいて見せる。子ども達は，「ああ，見たことある！」となります。

他にもどのような写真がおすすめかというと，校区にある公共施設，公民館や交番，消防署，公園などは，生活科や社会科，総合的な学習でしばしば登場することがあります。

また，**動画も効果的**です。近頃はデジカメでも高画質の動画が撮影できるので，気が付いたときに動画で撮影しておくと，あとあと便利ですね。

例えば，ごみ収集車がごみを回収して運んでいく様子を撮影しておくと，「このあとどこへ行くのだろう？」という問いが自然に生まれますね。**動画は，写真にはないメッセージを子どもに伝えることができます。**

③　最強のアイテム　人

①②をさらに超えるアイテム，それは，「**人**」です。先生が，「今日のスペシャルゲスト〜」と言って消防士を呼んでみたら，子ども達の目はキラッキラに輝きます。

消防士の他にも，警察官，地域のスーパーマーケットの店員さん，昔の生活に詳しい地域のお年寄り，習字の先生，お茶の先生，英会話の先生などなど，普段は出会うことがない方々と出会うことで，学習がぐ〜んと深まります。もちろん，実際にお呼びするには難しい場合もありますので，その時は，**ビデオレターやお手紙などの形で子ども達とつないであげましょう。**最近はオンラインでの対話もできますしね。子ども達は普段では味わえない感動を覚えることでしょう。

ちなみに，上記のようなゲストを呼ぶことが難しい場合，**同じ学校の同僚に声をかけてみてはいかがでしょう？**

例えば，消防士が無理なら「ぼくは地元で消防団に入っているよ。」という職員がいるかもしれません。制服を着て教室に登場すれば，「あれ？　○○先生じゃない？　消防士なの！？」となり，立派なゲストティーチャーになります。私は，6年生の社会科で税金の使われ方の授業の際に，事務職員の先生にゲストで来ていただきました。どのようにして税金が自分たちの周りで使われているのか，私が話すよりも事務職員の先生の方が**「専門家」**ですから，子どもは真剣に話を聞いていました。

スペシャルゲスト！

資料は，授業を盛り上げます。それぞれの資料が登場するタイミングもいろいろなパターンがあります。授業の初め，半ば，終末などそれぞれで効果的な活用があります。ぜひぜひ，**教室にいろいろ持ち込んでみましょう。**また，インターネットを使えば授業で扱いたい写真や動画を簡単に見つけることができます。しかしながら，わざわざ先生が撮りに行った写真であったり，ちらっと先生が写っている動画だったりした方が，子ども達の食いつきは圧倒的にすごくよくなりますよ。

第1章
第2章
第3章
第4章
第5章
第6章

発問

授業づくりで最も考えるもの，それは「発問」です。これで，子ども達の脳みそが止まってしまうのか，ぐるぐる回るのかが決まります。私は，「いい発問は子どもを悩ませる。そうでない発問は子どもを困らせる」と聞いたことがあります。しっかりと練り上げた発問で，子ども達を悩ませたいものです。では，どのような発問がよい発問なのでしょうか。

① 答えやすさナンバーワン「いつ？」「どこ？」「だれが？」「なにを？」

これらの発問は，とっても答えやすいですね。国語でいえばたいてい本文に書いてあったり，理科でも観察や実験で見ればわかったりすることが多いです。いわゆる**「答えを見つける」発問**です。一問一答でのやり取りになることが多く，誰でも答えることができると思いますので，授業の導入や調べたことを確認する中盤で使いやすい発問です。このような簡単な発問からスタートして，子ども達の頭をぐるぐると回転させながら，徐々に深く考える発問につなげていくことがオーソドックスな展開です。**授業のウォーミングアップ**として私は重宝しています。

見つけるだけだからかんたんだ！

いつ？ 誰が？ どこ？ 何を？

② ちょっと考えさせる「どのようにして？」

これは単語では答えにくく，文章化する必要があります。この発問，2通りの思考があるのですが，ひとつは，算数でよく使う「あなたはどのようにして，この問題を解きましたか？」という**自分自身が主語になる発問**と，もうひとつは，社会科を例にしますと，「水道局の人は，どのようにして水をきれいにしているのだろう？」という**学習している対象が主語となる発問**です。

いずれの場合でも，子ども達は必ず文章で答えなければなりませんし，ある程度順序立てて話す力も必要です。これは，**「答えを考える」発問**です。さらに，この発問は一人の子どもの答えで完結することがあまりなく，何人もの子どもの発言により徐々に仕上がっていくものが多いので，「みんなで答えにたどりついた！」という思いを持たせることも可能です。

第1章

第2章

第3章

第4章

第5章

第6章

③ 深~く考えさせたい
「なぜ~なのだろう?」からの
「本当に?」

　これは，私の中で「考えないとわからない発問ランキングナンバーワン」です。例えば，社会科では，「**なぜ**水道局の人は，24時間交代で働いているのだろう?」という発問ができます。**なぜという発問は，物事の因果関係「原因→結果」を問うもの**が多くあります。24時間交代で働いている理由を考え，**「本当に?」，「なぜそこまでするの?」**とどんどん掘り下げていくと，子ども達は深く考えることになります。そして，この発問のいいところは，「～～～だと，わたしは思いま

す。」というように，自分の考えを述べることにもつながりやすいというところです。国語では登場人物になり切って考えてみたり，道徳では「もし自分だったら」と考えてみたりと，学習している内容を，自分事として捉えさせることができる場合があります。

　発問を考えるコツは，答えもセットで考えることです。子どもにとって答えやすいか答えにくいかがこれでだいたいわかります。授業づくりにおいて，「子どもの発言から発問を引き出すのがいい」とよく言われます。そりゃあ，子どもから授業中に，「どうして豆太は裸足で外へ飛び出したんだろう?」という意見が出て，「なるほど。たしかにそうだ。よし，みんなで考えてみよう。」なんて言う風に進んで行けば楽なものですが，授業はそれほどあまくありませんよね。しかし，教師が①②③の発問を授業の中で繰り返し使っていくことで，**子ども達側に「この辺で先生は②を聞いてくるぞ～。」という授業の展開に予想ができる**ようになれば，子ども達から発問が飛び出すようになってくることもあります。子ども達は悩めば悩むほど，「わかった!」時の笑顔の輝きが増します。発問にこだわる教師でありたいですね。

第1章
第2章
第3章
第4章
第5章
第6章

板書

　私は板書が苦手です。本当に…。恥ずかしながら若いときは，まっすぐ書くことすら苦手でした。美しい字を書くこともままならないので，せめて見やすくしようと頑張りましたが，「ああ〜，子どもの発表に追いつかない〜。」，「しまった！スペースがなくなった…」ということがしょっちゅうでした。**板書がうまく書けると，授業が整理できる**と言われていますので，ちょっと板書について考えてみましょう。

① 課題追究型
「オーソドックスタイプ」

　本時の問いに対して，**「予想」，「わかったこと」，「まとめ」**といったことを時系列に沿って整理していく，よくあるタイプです。

　少なくとも，「問い（めあて）」，「しらべたこと」，「まとめ」の３つは板書にしたいですね。図や資料も１つか２つは提示すると，ぐんとよくなります。

② 左右比較型「ミラータイプ」

　二つのことを項目ごとに比較していくタイプです。「スーパーマーケットと専門店」，「消防の仕事と警察の仕事」などを比較することで，**共通点や相違点を見つけ出し**まとめていきます。

③ 意見拡散（集約）型
「スパイダーネットタイプ」

　テーマに沿って，**思いつくことをあげていき，結び付けていく。**「ブレインストーミング」や「ウェビングマップ」とも言われます。単元の導入などで，「知っていることを挙げてみよう」という感じに使えますし，問いに対する予想でも使えます。また，逆に，たくさん書き出した意見を結び付けていき，ひとつにまとめていく集約型もあります。スーパーマーケットの工夫をどんどん出していって，「じゃあ，こんなにたくさんの工夫があるスーパーマーケットは，どんな店って言えるのかな？　まとめてみよう」という感じです。

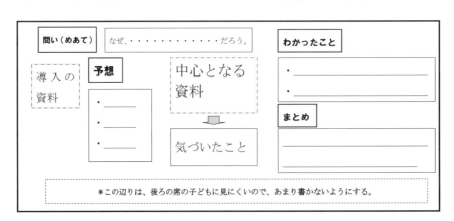

④ 色チョークのコツ「3色で勝負」

　私は，**基本的に発問や児童の発言はすべて白色で書きました**。そして，**出た意見をつないだり，まとめたりしたものは黄色で書きました**。**赤色は，図や線を引くときに使い**，言葉を書くのにはほとんど使いませんでした。子どもは赤鉛筆や赤ペンを使いますので，黒板に2色のキーワードがあると「赤は赤。黄色も赤？」といったように色の使い分けで悩むからです。（ノートの書き方はP.18～19で紹介します。）

「赤」は図や線用

「白」と「黄色」は文字用

⑤ 直線は物差しをできるだけ使う

　これは意外と守られていないのですが，**板書で直線を引くときは，意識して物差しを使いましょう**。

　1メートルの長さのものは使いにくいので，私は**50センチメートルぐらいの物差し**を作りました。筆算の線をフリーハンドで書いてしまうと，子ども達もまねをしてしまうので気を付けましたね。

⑥ マス目のある黒板で

　たまに，マス目のある黒板に出会うことがあります。これは本当に書きやすいですね。なくても，自分でマス目を書くこともできます。もちろん学校長に許可をとりますが，緑色のサインペンなら，ほとんど目立つことがありません。文章をまっすぐに書くにも，文字の大きさを統一するにも，なかなか便利ですよ。

　板書は，子ども達の学習を見える化したものだと思います。**子どもの頭の中をわかりやすく整理すること**が目的なので，文字や図は少ないに越したことはありません。書かなければいけないこと，書いた方がいいことといったように精選すれば，おのずとわかりやすい板書になりますよ。

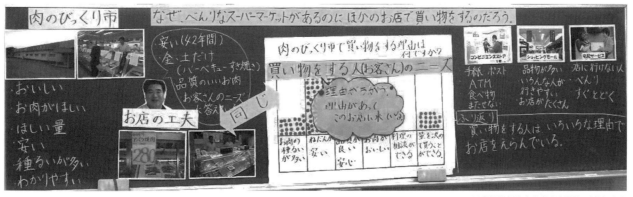

写真提供 姫路市立青山小学校 万壽本 寛之

第1章
第2章
第3章
第4章
第5章
第6章

ペア＆グループトーク

　授業中に「隣と話し合ってみよう。」ということがあります。なかにはグループで話し合うこともあります。どんなねらいをもってされていますか？　私は，発問したときに，「あれ？　あまり手が挙がらないぞ…。ちょっと話し合ってみよう。」という風に逃げたこともよくありました。まあ，お察しの通り何のねらいもないペアトークですから，ただの時間つぶしになっただけです…。しかし，**きちんとしたねらいのもとで，ペアやグループでの話し合い**がなされれば，素晴らしい効果を発揮することができます。

① 話し合いは，意見を持たせるためではない

　ペアにしてもグループにしても，まずは，話し合うための意見を持たせることです。ネタがなければ，沈黙しか生まれません。大前提として，「意見を持たせるために話し合わせる」のではなく，**「意見を持ってから話し合わせる」のが大切**です。どうすれば意見を持つかは，「発問」のページ（P.12〜13）をご覧いただき，②や③のような多様な意見を持たせる発問を与え，子ども達が自分なりの意見を持ってから話し合いを始めるとスムースに進みます。

② 子どもは伝えたいことがある時に，話し合いたい

　意見を持つだけでなく，それを「誰かに言いたい！」と思わせることが大切です。子どもにとってそれはどんな時だと思いますか？　ずばり，**他人と意見が違うとわかっている時**や，**自分しか答えが分かっていないと思っている時**です。「自分の方がいい意見だ！」と思っているときほど，言いたくなるものです。例えば理科の授業で，「ああ，夏が来たなあって思うときはどんな時？」と尋ねると，子ども達はどんどん言いたくなりますよね。なにより多様な意見が出るのもいいですね。

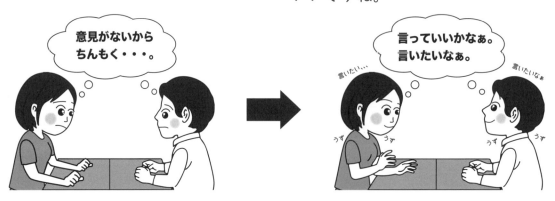

③ 話し合いは，テーマを設定すると盛り上がる

みなさんは，プライベートではどのような時に話し合いますか？ 例えば，「今度の旅行先はどこがいいか」という話し合いにおいては，２つのテーマが設定できます。ひとつは，「国内なら北海道か沖縄，いや，海外もいいなあ。メインは観光かショッピングか。」という**たくさん意見を出し合う話し合い**。もうひとつは，「この時期ならどこがいいかな。予算はこれぐらいだし，みんなの休みに合わせると〜。」という**意見を集約していく話し合い**。

子ども達にもいろいろと**テーマを与えることで話し合いは盛り上がります**。例えば，「これまで調べてきた消防署の取り組みをグループで出し合って，その中で一番大切だと思う取り組みはどれか？」とか，「モチモチの木で，豆太が

じい様のことを一番心配している場面はどれか？」といったように，**ナンバーワンを決めさせる**ことで，意見がぶつかり合います。もしくは，「大切だと思う順にランキングをつけてみよう」といった**ランキング方式**にしてみても，子ども達はああだこうだと話し合います。

このように，ただ話し合うよりも，「何かを決める」という手段を加えることで抜群に盛り上がりますよ。

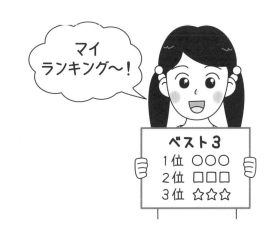

どの教科で話し合わせるにしても，やはりテーマがあった方が盛り上がります。あと，当然のことですが話し合い活動は学習ですので「ぼくは，〜と思います。」といったように，**丁寧な言葉遣いで話し合わせることも大切**です。中学年以上であれば，教師からも「それでは，グループで会議を開いてください。テーマは，○○○です。議長，スムースに進めていただきますよう，よろしくお願いいたします。」と指示した方が，凛とした雰囲気で話し合いがスタートします。話し合いが上手なクラスは，自然とトラブルも少なくなります。その理由は，**話し合いとは，実は「聞き合うこと」**だからです。他人の話をしっかり聞けて，自分の意見をうまく伝えることができれば，子どもといえどもたいていの問題はクリアできますからね。

第1章
第2章
第3章
第4章
第5章
第6章

ノート指導

子ども達にとって，苦手なことランキングの上位に「ノートを書く」というのがあります。黒板に書いてあることを写せばいいという考えもあるかもしれませんが，それだって「いつ写せばいいの？」という疑問が生まれます。しかしながら，そもそも黒板を写せばいいというのも，ちょっと考えてみましょう。それならば，板書を写真に撮って全員に配れば，仕上がりがきれいで画一的なノートが仕上がりますね。でも学びとしては，う〜ん…ですね。では，よくいう**「子ども一人一人の学びが見えるノート」**とはどのようなノートで，どのように指導すればよいのでしょうか。

① そろえるところとオリジナルのところを明確にする

以下に挙げたところは，**基本的にクラス全員がそろえてよいところ**だと思います。

A
- ①日付
- ②教科書などのページ
- ③本時のめあて（問い）

そして，オリジナルでよい，**つまり子ども達一人一人が自分の意見を書けばよいところ**は，以下の内容についてでしょうか。

B
- ①**予想**
- ②**資料や本文から気づいたことや考えたこと**
- ③**まとめ**
- ④**ふりかえり**

この内容については，子ども達一人一人が異なる意見をもつことが多いので，**そろえる必要がないというより，そろえてしまうとよくない**ですね。

② ノートに書くタイミング

子ども達の中には，ノートを書くことが好きな子どもがいます。きれいに仕上げるのが好きだったり，中には，「写すのは楽ちん！」という子もいたりします。ここで大切なのは，**「写す時間」と「書く時間」を明確に分けてあげる**ことです。でないと，みんなが発表して先生が黒板に書いているときに，ひたすら写す作業に没頭する子がでてきます。

基本的には，**A**で挙げた全員そろえる内容については，「先生と一緒に書く」でよいでしょう。ゆっくりと書いて，「先生と同じぐらいに書き終わったらばっちりだよ。」というと子ども達はゆっくり丁寧に書き写します。

そして**B**についての「書く時間」は充分に時間をとってあげましょう。早く書き終わった子どもは，「理由をつけて発表できるよう，頭の中で練習しよう。」と指示しておくと，時間を持て余すことがなくなります。

③　自分の意見は「吹き出し」や「まくら言葉」で書きやすく

「自分の意見を書く」というのは、子どもにとっては思った以上に難しいものです。年度初めはああだこうだと教えるよりも、**「自分の意見を書く楽しさ」を味わわせること**が大切です。

私は、「吹き出しコメント」をよく使いました。資料や友達の意見に対して、吹き出しで書き込むのです。子どもは漫画が好きなので、吹き出しにするとすらすら書ける子もいました。慣れてきて、文章で書けるかなあとなってくれば、「**まくら言葉**」を使います。例えば予想を書かせる場面では、「もしかしたら、たぶん、きっと、ぜったい」という言葉をひとつ選ばせて、それに続いて書かせます。**選ぶ時点で自分の意見の確実さが明確になる**ので、書きやすくなります。

好きに書けるから楽しいなぁ～

　ノートは、**自分の作品**です。きれいなノートよりも、少々雑でも、「書きたい！」と思ってくれたらいいですね。6年間でノートを書く力が少しずつ伸びていくといいなあと思います。

写真提供
姫路市立城陽小学校　永田智子, 小林有貴

第1章
第2章
第3章
第4章
第5章
第6章

発表形式

　発表がたくさんあると気持ちいいですね。授業が活発になりますし，子ども達の自己表現の力を伸ばすことにもつながります。高学年になるとだんだんと手が挙がらなくなっていくものですが，なかには6年生でもたくさん手が挙がる学級があります。**発表をする楽しさを感じさせる**ための手立てをいくつか紹介しましょう。

　さて，ここで確認しておきたいことがあります。子ども達が挙手しない理由ナンバーワンは何だと思いますか？　一度，子ども達に聞いてみてください。私は毎年聞いていますが，不動の第一位は，**「間違えるのが嫌だから。」**です。よほどの自信がない限り手は挙げないという子どもが，クラスの大部分を占めています。これに対して，クラス全体の「支持的風土」や，個々人の「自尊感情」が高まっていると，間違えることへのアレルギー反応は薄いのですが，こんなことはベテラン教師のなせる業です。まずはゲーム感覚で，「思わず発表したくなる！」ということから始めてみましょう。

① いろいろな発表スタイルで，発表を楽しむ

「リレースタイル」

　発言した子どもが次の子どもを指名する。ランダムに発言してもよい場合に使える。

「国会予算委員会スタイル」

　発言する場所を決めて，指名されたらその場所で発言する。全員の方を向いて発言するので，**主張性の強い発言**に効果的。

「○○な人どうぞスタイル」

　テーマを決めて，その人が発言する。例えば，「筆箱に赤色がある人」とか「今日の朝ごはんがパンの人」など，子どもが「え〜，なにそれ〜」というのが面白いですよ。もちろん，**意見がない場合は「パス！」でオッケー**です。

② 逆転の発想で, 発表を楽しむ

「わからないことを発表する」

「わからない人〜」と聞いて, **わからない人が手を挙げる**パターン。「問題の意味がわかりません。」,「なぜ答えが40になるのか, わかりません。」といったように発表する。それに対しての説明は子どもがすればいいのです。**大切なのは, なにがわからないのかがわかること**です。

「あとは任せますスタイル」

全部を発表しようとすると, 難しい。「答えだけ。」とか,「途中までは言えるのに〜。」という子どものために,「答えは, 20です。その理由は, うまく言えません。誰か続きをお願いします。」で, ちがう子どもが続きを言う。**助け合いの精神**が育ちます。

発表というものは, 大人でも緊張するものです。その証拠に, **教職員の研修会でも, 意見を求められて手が挙がることはほとんど見たことがありません。**みなさんはいかがですか? 積極的に発言されますか? そういうものなのです。人前で自分の意見を言うことはなかなかハードルが高いものです。ですから, 発表が苦手な子どもに対しても**「そうよなあ。言いにくいよなあ。」と共感してあげる**ことで, 教師から子どもへの「発表しなさい圧」は軽減されるはずです。子ども達にとっては, 意見を言うというよりも,「思わず手を挙げてしまった!」という方が日常かもしれません。『教室はまちがうところだ』(子どもの未来社, 2004年)という有名な絵本にもありますように,「うまく言えなくてもいいんだ。」という安心感を持たせてあげたいですね。

第1章
第2章
第3章
第4章
第5章
第6章

第1章
第2章
第3章
第4章
第5章
第6章

学習ゲーム

　授業ですから，あまりゆるい雰囲気になることは好ましくありません。しかし，子ども達はそんな雰囲気が大好きです。私は，よく授業の中でゲームを取り入れています。学習という領域から外れないように気をつけますが，外れていなくても子ども達は大いに盛り上がってくれます。ゲームですからね，**「簡単であること」，「全員ができること」そして「おもしろいこと」がポイント**です。ここでは，授業の導入やちょっと息抜きに使える学習ゲームをいくつか紹介します。やってみてくださいな。

①　国語ゲーム

「漢字の部首ゲーム」

例：テーマに沿った漢字を，1分間に思いつくだけ書かせる。「木へん」，「糸が入っている」，「動物が入っている」など

「◇本足して，別の漢字にしよう」

例：「口」に2画足して別の漢字にする。また，「田に2画足すと，何になる？」という自分で問題を作らせるのもあり

「漢字しりとり」

例：漢字の読み方や使い方でしりとりをする。「池→毛→気→木→教室→使う」

「色からイメージゲーム」

例：「青いもの」といったイメージのものを，グループで順番に出し合っていく。

「お話づくり」

例：テーマを決めて，グループで1文ずつ作り上げていく。「すいか太郎」→「川からすいかが流れてきました。」→「おともはネズミとゴリラです。」

②　算数ゲーム

「長さ目安ゲーム」

例：「15cmのもの」のように，指定された長さのものを見つける。より近い長さものが優勝。または，「黒板の横の長さは何メートルか？」と長さを予想させる。

「計算ゲーム」

例：「答えが20になる計算式」をできるだけたくさん作らせる。四則をたくさん使った方が高ポイント。

「問題づくり」

例：前の授業の内容からノートに問題を作らせて，ペアで交換し解答し合う。

「黒板リレー」

例：ひっ算の計算や図形づくりをグループで行う。ひとり10秒間しかチョークを持てないなど制限をして，リレー方式で解かせる。

③　社会ゲーム

「都道府県ゲーム」

例：「ひらがな３文字の県」,「動物が入っている県」,「海に面している県」などなど,テーマを決めて都道府県を言わせる。

「地図帳ゲーム」

例：「〇〇を見つけよう！」で探させる。「りんご」,「富士山」,「松本城」など特産品や名所を見つけさせる。

「歴史人物クイズ」

例：歴史人物のものまねをさせて,誰のことか当てさせる。

「はあ,毎日占いばかりでいやだわ～」

答・卑弥呼

「み～つ～ひ～で～！」

答・織田信長

10人までなら一斉に言っても,聞き取れるよ！

すごい！
聖徳太子だぁ～

④　理科ゲーム

「季節ゲーム」

例：「夏の自然」のように,テーマに沿ったものをたくさん見つけさせる。

「科学者なりきりゲーム」

例：子どもが科学者になりきって,「私たちが前回の研究で発見したことは～」というように前の時間の復習をする。

「ジェスチャー復習」

例：これまで学習したことを,ジェスチャーで表現して当てさせる。

「100度で水が沸騰する」

↑このジェスチャーは笑えます！

「夏の夜空の大三角の星座」

↑もはや動物クイズです。

カチ　カチ

水は0℃で凍る

なんだろ…

寒そう…

以上は,私がやっていたゲームの代表的なものです。同じゲームでも,全員で一斉にやらせてみたり,グループごとにやらせてみたりと,やり方で盛り上がり度が変わります。**授業で扱う内容と一致しているのが理想ですが,場合によっては授業と全く関係のないゲームをしたこともあります。**

例えば,運動会の練習直後の６時間目に算数をする場合,ちょっと子ども達はおつかれだなあと感じたときは,計算ゲームで軽く準備運動をしてから授業に入りました。授業時間は少なくなってしまいますが,**子どものやる気を引き出すのが目的**なので,そこは目をつぶります。それでゲームに時間を使っても,その後の学習がテンポよく進んでいくこともあるので,一概に時間の無駄だとは思えなかったですよ。

第1章
第2章
第3章
第4章
第5章
第6章

授業を盛り上げる技

　自分が小学生時代に記憶に残っている授業は，あまり多くはないのですがいくつかあります。よくあるのが，**先生が授業と関係のない話**をした時でした。テレビの話や先生の昔話など，そんな時は真剣に聞いた記憶があります。まあ，当然のごとく授業の内容は覚えていませんけど。振り返ってみると，**「勉強している気分がなかった」**ということが，子ども心に嬉しかったのだと思います。今回は，「勉強しているけど授業の雰囲気を楽しいものにする技」をいくつか紹介いたします。

① 教師の変装で臨場感アップ！

　教師が変装することで，**子ども達の目はくぎ付け**です。なによりも**インパクト**があります。

「外国語で金髪のかつらをかぶる」
「歴史では，江戸時代は着物を着て，明治時代は蝶ネクタイ」
「理科の実験は白衣を着る」
「国語では宮沢賢治風の眼鏡をかける」

　ちなみに，盛り上がるのは始めだけですぐに慣れてしまいます。まあ，1時間ずっと笑われても困るのでこれでいいのです。お笑いでいうところの「つかみ」ですからね。

② 有名人が問題文に登場！

　有名人やアニメのキャラクターを問題文に登場させることで，いつもの問題がひと味違って楽しいものに早変わりします。

　「ドラ◯もんがひとつ15円のケーキを4つ買いました。代金はいくらでしょう。」という問題は，かなり食いつきがよかったです。漢字テストも，「サザ◯さんが，<u>かいもの</u>に<u>い</u>きました。<u>さいふ</u>を<u>わす</u>れてしまいました。」という「アニメキャラ漢字テスト」も好評でした。もちろん，**子どもに作らせてもみても面白い**ですよ。喜んで作ってくれますから。

③　グーチョキパーで楽しく手を挙げる！

手を挙げる時に，自信のあるなしをじゃんけんで挙げさせました。**「パーは自信があるので当ててください」**，**「チョキは自信はないけど，当てられてもいい」**そして**「グーは自信がないので，当てないでください。」**という意思表示です。何人かは生き生きとグーをあげます。それは注意しません。たまに，全員グーの時があります。その時はみんなで大笑いです。それでいいのです。

④　必要以上に声を出さない！

下を向いて手遊びしている子どもを指名して，「今の問題を答えてみて。」と言うと，すらすらと答えることがあります。これは，**「見てないけど，聞いていた」**のです。なかなかの強者です。ですから，その後しばらくの間，声を出さずに授業をしました。見ていないと絶対に指示や発問が理解できませんからね。「今から10分間はサイレント（静音）タイムです。先生はひと言もしゃべらないので，しっかり見て理解するようにね。」と言って授業を進めてみましょう。**必要最低限の身振り手振りで指示や発問を伝えてみてください。**始めは戸惑っていた子ども達も，「あ，先生の伝えたいことなんとなくわかる！」と通じ合える瞬間がやってきます。まあ，授業の質がどうなるかはこの際おいておきます。

以上のようなことをすると授業が盛り上がることがあります。①はそれほど頻繁にはできませんが，**たまにやると効果的**です。私は理科の実験の時は白衣を着用していたので，「博士」と呼ばせていました。中学校以上の理科の先生は，だいたい白衣を着ていますしね。かっこいいなあと思っていました。たまに着るのを忘れていると，「博士！今日は着ないの？」と催促されました。また，子どもが前で発表する時に，白衣を着させたこともあります。「今から○○博士の説明を聞こう！」とすると，とっても楽しい雰囲気で授業が進みましたよ。

第1章
第2章
第3章
第4章
第5章
第6章

学習アイテム

授業に自信がない若いころ（まあ，現在も自信のほどはあまり変わりませんが…），私はぶらぶらと買い物をしている時に，**「お，これは面白い。」**とか**「これは子ども達が喜びそうだ！」というアイテム**を見つけては，買い込んでいました。そして，テレビを見ていて，「これ授業で使えそうやなあ。」というネタも仕入れていました。以下にいくつか紹介いたします。

① 「ピンポンブー」「チーン」 効果音は効果的！

クイズをしたり，問題を出したりしたときに，「正解！ピンポ〜ン！」となると，子ども達はテンションが上がります。**授業の導入や息抜き**にいいですね。

よくレストランのレジにある「チーン」と鳴るベルは，授業でなかなか役に立ちましたよ。**話し合いやグループ活動の終了の合図に効果抜群**です。「しずかにしなさい〜！」，「はい，前向いて〜！」と言わなくていいので，子どもも先生もストレスがたまりません。

はい，では
いきますよ〜

前向かなきゃ！

チリン

② ヒソヒソヒント棒で， 言いたい！聞きたい！

ラップの芯に，画用紙を巻いただけなのですが，「答えが分かった人は前に言いに来て〜」と言い，ヒソヒソ言わせます。内緒話はだめですが，後でみんなに言うのでオッケーです。

また，問題を解くのに困っている子に，ヒントを与える時にも使えます。ささいなことですが，**「自分だけが言っている」，「自分だけが聞いている」**といった**特別感**が子どもには嬉しいものなのです。

逆にメガホンを使って「小さい声で言うからよく聞いてね。」とすると，「先生，丸聞こえやで〜。」となります。その時は，いつもよそ見している子どもも，笑って聞いています。

正解〜！

ごにょ ごにょ

③ 指示棒は，少なくとも３種類

いわゆる指差し棒ですが，お店でもいろいろなものを売っていますよね。ちょっと手作りしてみてはいかがですか？ **子ども達がついつい注目してしまうようなもの**を。私は季節に関するものや，動物の体，たまに授業で登場するキャラクターとかで作っていました。自分の似顔絵もありですね。

④ 学習Ｔシャツで，視線をくぎ付け

ひっ算のくり上がりや面積の公式など，覚えさせたいことってたくさんありますよね。教室の壁面に模造紙にまとめたものを掲示することが一般的ですが，時間と労力をかけて作った割には子どもはそれほど見てくれません…。そこで私は，ディスカウントショップで**格安のＴシャツを購入し，それに式や計算のポイントを書き込んで着ていました**。子ども達は，「先生，何その服〜。どこで買ったん？」と笑ってきます。「先生の手作りやで。これでみんな覚えるやろ〜。」と言う私の周りには違うクラスの子ども達も群がっていました（笑）。

授業はあくまでも学習活動ですから，あまりアイテムがごちゃごちゃすることは，喜ばしいことではありません。もちろん，子どもの興味関心を引くことは大切ですが，あくまでもそれは精選された資料や練り上げられた発問など，知的好奇心を刺激するものであった方がいいと私は思います。しかし，**自分の授業にすこしマンネリ化を感じ，刺激が欲しい時や，最近子どもの集中が途切れることが多いなあと思った時**などに，授業を楽しい雰囲気にするには手軽でいいですね。

小川式4コマ　Ｔシャツでふりかえりの巻

第1章
第2章
第3章
第4章
第5章
第6章

第1章
第2章
第3章
第4章
第5章
第6章

第2章
学級経営

第1章
第2章
第3章
第4章
第5章
第6章

第2章　学級経営

　授業づくりと並んで大切だと言われるのが，学級経営です。1年間担任をされた経験のある方はわかると思いますが，**4月の学級と3月の学級は，全く違う集団**といっても過言ではありません。先輩方のクラスに自習監督に入ったり，研究授業を見たりしたときに「賢い子たちやなあ」とか思ったことはありませんか？　それは，子ども達が勝手にそうなったのではなく，**担任の先生が長い月日をかけて育てあげた姿**と言えます。

　子ども達にとって，学級とは一番身近な社会です。勉強も一緒，遊びも一緒，食事も一緒にします。同じメンバーで1年間過ごすのですからあれこれしなくても，それなりに社会性が身についたり，ルールを守るとかはできるようになったりします。

　学級という集団で生活する以上，そこには**子どもを育てるチャンス**がありとあらゆる場面にちりばめられています。小規模の学校で学年に児童が一人だけという状況だと，集団での取り組みはさすがに難しいですが，その子自身に対する学級経営を行うことは可能です。

　学級経営とは，**「集団における個人の育成」**であると私は考えています。集団への取り組みですが，あくまでもアプローチは個人なのです。事実，学級全員で何かをするとしても，動くのは結局子どもひとりひとりなのです。ですから，子どもを個人として見るのではなく，**「集団の中のひとり」**として見て**「集団の中で必要な力」**を身**につけさせていく。**そうすると，集団を形成しているひとりひとりが育つことで，結果としてその集団が育つことになる，というわけです。例として，男子サッカー日本代表のある選手が，「個人のスキルがアップしないと，チーム全体のレベルアップは実現できない。」と試合後のインタビューで答えていました。なるほどなあと納得したのを覚えています。プロスポーツ選手でも，自分自身を伸ばすためにいろいろと頑張っているのです。それは，技術だったり，精神面だったり，他人とのコミュニケーションだったりするのです。これは，子ども達にも当てはまると思います。

　この章では，子どもを伸ばすチャンスが，学級の中にたくさん転がっていることをお伝えしたいと思います。

チャンスを
見逃さないように！

第1章
第2章
第3章
第4章
第5章
第6章

朝の会・帰りの会

すべての学級が執り行う朝の会と帰りの会。学級経営の基本がここにあります。オーソドックスな流れは，みなさんされていると思いますので，ここでは，取り入れてみたら面白いかも!? というプログラムを紹介します。

①　勝手にカレンダー記念日

日付を言う時に，日番が勝手にその日の記念日を作って発表します。例えば，「今日は5月22日，ゴーニャンニャンで，猫の日です。世界中で，猫をかわいがる日です。」といった感じに。前日に次の日番はわかっているので，家で考えてきます。**保護者といっしょに考えるのも，楽しい**でしょうね。

②　バースデーは，1日スター気分

誕生日をお祝いする係ってありますよね。これは，誕生日の人を朝の会で紹介して，そして，その日は，誕生日の人はスターになります。荷物をもってもらえたり，何をしても「すごい！」とか「天才！」とほめてもらったりします。**とってもいい気分で1日を過ごす**ことができ，帰りの会では，「みんなありがとう！」とお礼を言います。

③　スピーチは，サイコロの運任せ！

朝のスピーチのお題を，「前日の帰りの会でサイコロを振って決める」というものです。出た目の数によって，「もしも魔法が使えたら」，「好きな〇〇」，「もしも校長先生になったら」といったように**お題を決めておいて，サイコロに任せます。**また，「6が出たら，テーマは自由！」などにしても盛り上がりますね。

出た目が「5」
無人島に
もっていくなら？

④　新聞から気になる記事を紹介

　教室に新聞を置いておいて，日番は朝来てから朝の会までの間に新聞を読んで，気になる記事を選んでおく。そして，朝の会で紹介する。これは**とってもレベルが高いことですが，高学年ならやる価値はあります。**中学年でも新聞社が発行している「子ども新聞」であればできます。もし，毎日新しい新聞を与えることが難しければ，**1週間同じ新聞でもいい**と思います。その場合，紹介された記事に丸をつけていきます。子ども達からは，「この記事言いたかったのに取られた〜。」となることもありますね。

⑤　今日の予定紹介

　その日の時間割を順に紹介していきます。「1時間目の算数は分数の計算です。計算間違いに気をつけましょう。2時間目の体育は跳び箱です。今日こそ全員4段を跳びましょう。」といったことを日番に，考えさせて言わせます。本来ならば担任の仕事ですが，子ども同士で行うことで**一日の動きに見通しを持つ力を育てる**ことができます。そして最後に日番から，「先生，変更や付け加えはありませんか？」と尋ねさせることできちんと仕上げることができます。

⑥　帰りの会はシンプルに

　朝の会とちがって帰りの会は，できるだけシンプルにしていました。なぜなら，**子どもは早く帰りたい**からです。めあてのふりかえり，友達のいいこと見つけ，係や当番からの連絡，ぐらいでしょうか。大事なことは，**「今日も一日頑張った，また明日も頑張ろうっと」と前向きに下校すること**です。短時間でさっと終えるようにしましょう。

　内容の変化とともに，**一緒に日番をするペアも変えてみる**のもいいですね。ペアで日番をしていると，だいたいひと月ぐらいでクラス全員が終わります。そうすれば，順番をずらしてみたり，毎日くじを引いて翌日の日番を決めたりすると，ワクワク感が生まれますよ。

　これはおまけですが，私は昔，日番とは別に**「週番」**というのも作ってました。これは，学校の戸締りをしていました。教室から玄関までの廊下や階段の窓を閉めていく，これは「戸締りに回る用務員さんが楽になるように」というねらいがありました。**教室は日番がみて，学校は週番がみる**という感じでした。高学年は，こういった意識をもつことも大切ですね。委員会が同じ例です。もちろん，できてなくてもいいのです。こういった立ち位置に子どもを立たせてあげることも，大切だなあと思います。日番は，毎日同じことの繰り返しっぽいですが，日番を通してしか身につかない力もありますからね。

第1章
第2章
第3章
第4章
第5章
第6章

当番活動と係活動

　どのクラスにも，子ども達が取り組む当番や係活動があります。新学期当初に子ども達へ希望を募り，話し合いやじゃんけんで決めていくことがほとんどだと思います。この2つの活動によって，それこそクラスのカラーが決まっていくものなのです。しかし，子ども任せにしていてあまり教師が主導することはありません。そもそもの話ですが，**当番と係は全く違うもの**なのです。例えばですよ，ノートを配るのは，「配達当番」と「配達係」のどちらが適切だと思いますか？　私の中での正解は，「配達当番」です。その理由は後ほど述べますが，**子どもたちの「自主性」や「社会性」などが育つ手段**としては，当番と係，それぞれがとっても有効な働きをします。

① 当番活動は，みんなのためにするお仕事

　当番と名の付くものに，掃除当番，給食当番などがあります。共通することは，**「クラスになくてはならない仕事」**ということです。それらの当番で，「しんどいからいやだ。しない。」となると困りますね。教室は汚れたままだと困るし，何より給食が食べられません。ですから当番は，本人の希望で決めていくことを優先するよりも，機械的に割り当てていく方法でもいいのです。まあそれでも本人のやる気を尊重して，私も当番の希望を聞いて決めていますけれどね。**大切なのは，「仕事」だという意識を持たせること**です。自分の希望とは違う当番が割り当てられたとしても，「しかたない。みんなのためにいっちょ，やってやるか。」という意気をもって取り組ませたいですね。

② 係活動は，クラスをよりよくするためのサービス会社

　私は係活動については，次のように子ども達に説明していました。当番との違いはいくつかありますが，代表的な違いは2つあり，そのひとつ目は，**「係は，なくても困らないけれど，あったらクラスがよりよくなるもの」**ということです。例えば，よくあるバースデー係。友達の誕生日になると，係が前に出てきて即席の誕生日会が開催されます。これは，なくてもいいのです。でも，あるとみんなが笑顔になりますよね。係ってそういうものなのです。そして当番との違いのもうひとつは，**「係は子ども達の創意工夫によって運営されていくもの」**ということです。だから，「配達係」は存在しないのです。それに，極端な話，**全員が入らなくてもいい**のです。事実，以前私のクラスに係活動に対して，「おれべつに

第1章

第2章

第3章

第4章

第5章

第6章

何もしなくていい。」と言っていた子もいました。しかし，年度の途中から，「クイズ係に入りたいな。」と言い出したので，メンバーと話し合って途中採用されていました。子どもはみんな，誰かの役に立ちたいとか，喜ばせたいと思っているのです。

③ 活動する時間，場所，必要な物資などを与えてやる

月日が過ぎていくと，熱心に取り組んでいる係もいれば，ほとんど活動休止状態の係が出てきてしまうこともあります。私のクラスでは以前，「生き物係」が活動休止状態でした。みなさんにとっては，「いやいや，生き物係はかなり活動しや

すいだろう。」と思われるでしょうが，当時の我がクラスの係のメンバーは「虫は好きだけどもただそれだけ」というなかなかの強者ぞろいでした。「自分のしたいこと」と「クラスのためになること」がつながらなかったのですね。ですから，**我が家にあった古い虫かごと虫網を与え，図書室に行き虫の飼い方の本を一緒に読みました。**すると，少しずつ虫が増え，自分たちの家からも虫かごを持ってくるようになりました。まあたしかに，係活動を会社とするならば，大人の世界であっても，会社を設立して運営していくのは並大抵のことではありませんからね。

当番と係，似て非なるものをうまくクラスの中で生かすことは，学級経営の中で「責任感」と「自主性」，さらに「公共性」が育ちます。**「きちんとやる」，「自分からやる」，「みんなのためにやる」**など，実は，担任が子どもにつけたい力がいくつも育つのです。しかも，係にいたっては好きでやっていることですから。私の経験上，当番や係活動で忙しいクラスには，いじめは起きませんでした。休み時間になると，「ああ，おれ塗り絵係の下書き担当なんや。早く仕上げないと〜。」とか，「なあなあ，この前とった好きなアニメのアンケート，早くまとめて新聞に書こ〜。」とかあちこちで忙しそうにしている子ども達がいるのです。もちろんその中では，けんかやトラブルは起きます。しかし，**前向きなトラブルですから，きちんと解決することができる**のです。負のスパイラルは発生しにくいのです。

子ども達には，「いろいろな係があるこのクラスは，めっちゃ楽しい。このクラスでよかった〜。と，みんなが言えるクラスになろうね！」と言ってました。**クラスをつまらなくするのも，楽しくするのも，自分たちなんだ**と思ってくれたら，あとは万事うまくいきますね。

忙しいことはいいことなのだ

第1章
第2章
第3章
第4章
第5章
第6章

休み時間のすごし方

子ども達にとって楽しい時間である休み時間。もちろん自由を感じる時間ではありますが，なんでもありではありません。いろいろなルールや約束事は守るべきですが，それよりも，学級経営や個人指導において，有意義な時間でもあることを押さえておきたいですね。

① 学習規律あっての休み時間

よく**次の授業の準備をしてから遊びに行かせたいのに，準備をせずに遊びに行ってしまう子**がいますよね。徹底を図るなら，日番の号令に「これで〇時間目の学習を終わります。**次の国語の用意をしましょう。できましたか？** 姿勢を正して。礼。」というように，次時への準備を組み込んでおけば，全員がクリアすることができます。それに，教科書忘れなどもその時に確認できます。慣れてくると，授業が終わるとすぐに出すようになりますし，高学年になれば，**朝，ランドセルから机に入れる時に，時間割の順番に入れて出しやすくするスーパーキッズ**も出てきます。

こうすることで，チャイムですぐに授業が始められますし，**「次のことを考えて行動する力」**も身につくようになります。

② より楽しく過ごすために考える

遊びの中で学ぶことがあることは周知のとおりですが，その中でも，**遊びを通してしか学べないこと**もあります。「外で遊ぶのが苦手な子がいるならどうすればいいか」，「ドッジボールが苦手な友達といっしょにドッジボールをするにはどうすればいいか」，「雨の日に教室で安全に楽しく過ごすにはどうすればいいか」などなど，休み時間にはたくさんのことを学ぶチャンスがあります。

子ども達は，**遊びに関しては天才**です。なんでもおもちゃにしてしまいますし，遊んでしまいますよね。ややもするとこちらの予想を超えてきます。「ええ，そんなもので遊んでるの〜」と思ったことはありませんか？ 例えば，私のクラスでは「消しバト（消しゴムバトル）」が一時期流行っていました。消しゴムを指ではじいて，相手の消しゴムを机上から落とす遊びですが，子どもは勝ちたい気持ちが強いのでしょうね。ある日，ものすごく大きな消しゴムを持ってきた男子がいたと思えば，いくつもの消しゴムをセロテープでつなぎ合わせている女子が

出てきたりしました。「ずるい！」という子ども達とそうでない子達。まあ，**そうやっていろいろなルールや決まり事を作っていくんですね。**

どうやって消すねん…

ギクッ

巨大消しゴム

③ トラブルから成長するけれど，成長しないなら強引にさせる

　休み時間の後，子どもから，「せんせい～，○○さんがなあ～。」という訴えをよく聞きませんか。学年が低いほどその頻度は高まる傾向にあります。トラブルに対しての指導方法は後述で触れますが，**トラブルなき学級はありません。**そして，それらは往々にして休み時間や登下校中，つまり教師の目が行き届かないところで発生するものです。ですから，私は子ども達に**「自分たちで解決できないトラブルは起こしてはいけない。」**と話します。子ども達で解決できないトラブルとは，例えばけがをしたり物が壊れたりする，また，誰かが心に深い傷を負う。こういったトラブルの解決は保護者

の協力や理解が必要になります。

　ただ，同じようなトラブルが続くようなら，私は**休み時間を読書タイム**にしました。「外に出るからトラブルが起こるんだ。みんなで中にいてひとりで過ごそう。」**もちろん先生もいっしょに読書をします。**次の日に，「今日はどうする？」と聞くと「外に行きたい。」と答えるので，そこからは話し合いです。そして，だいたいその日はトラブルなく運動場から帰ってきます。私はこうやって多少力づくですが，**トラブルから学びとって成長させたこと**がよくありました。

④ 係活動の活躍の場にする

　前述した係活動ですが，休み時間は活動タイムですので，あれやこれやと忙しそうにしている係が多いクラスは，きっと毎日が充実しているでしょう。例えば遊び係が「昼休みにドッジボールをします～」と知らせて，仲間たちが参加する。塗り絵係が塗り絵を描いている。クイズ係が折り紙で景品を作っている。私は，**「子どもが忙しいクラスでは，いじめは起きにくい」**と思っています。負の要素が生まれにくいのでしょうね。

　休み時間とは，休憩時間でもあり，遊び時間でもあり，準備時間でもあり，子ども一人一人に応じた時間が保障されるべきです。大事なことは，子どもにとって「○○をする時間」という目的があれば，充実します。できれば，**「ヒマな時間」というのは避けたい**ですね。そして可能であるならば，みなさんぜひ運動場に出て子ども達と遊んでやってください。**一緒に遊んでくれる先生ほど，子どもにとって魅力的な先生はいません。**ドッジボールが苦手なら，ずっと外野でもいいし，審判でもいいのです。子ども達との距離は，ぐ～んと縮まりますよ。

第1章
第2章
第3章
第4章
第5章
第6章

第1章

第2章

第3章

第4章

第5章

第6章

忘れ物について

　必ずと言っていいほど，毎日誰かが何かを忘れてくる…，私は常にこうでした。なぜなのでしょうね。まあ，だいたい同じ子が繰り返し忘れるのですけどね…。忘れ物を減らすには，どうすればいいのか，永遠のテーマにも近いものがありますが，ちょっと考えてみましょう。

① 忘れたのか，さぼったのか

　まずは，ここをはっきりさせなくてはいけません。なぜなら，**連絡帳に書いてある以上は，宿題であれ教科書であれ，忘れることはない**のです。見直せばいいのですから。大切なのは，「漢字の宿題を忘れました。明日持ってきます。」という子どもにはせずに，「漢字の宿題を忘れました。**ごめんなさい。明日，必ず**持ってきます。」という子どもにすることです。後者の方が，明らかに**忘れた行為に対して反省の色**が見えますよね。これが大切です。そして，「算数プリントをするのをさぼりました。ごめんなさい。今からすぐにします。」という子にもしたいですね。

いや，そこまで反省せんでもいいよ…

せんせいごめんなさい〜もう忘れ物しません。いやサボりません。

うぇん

うえぇん

② 子どもとの根比べに勝つ！

　それでは本題に入ります。そう，何度注意しても忘れ物がなくならない子どもです。例えば宿題。これはもう，**「忘れではなく，さぼり」**です。本人の学力や家庭の環境にも要因はあるので，一概に子どもの責任にはできないのですが，子ども自身の心の弱さに原因がある場合は，保護者と連絡を取った上で次の方法が効果的でした。

　「さぼった分は休み時間にやらせる」，「放課後に残って宿題をやり終えて提出してから帰らせる」です。要は**必ずやり切らせる**ってことです。そしてこの後よくあるのが，「先生，うちの子が学校行きたくないって言うんです…」という保護者からの連絡です。こうなればしめたものです。保護者も交えて話し合いです。

　結果的に宿題さぼりを少し多めに見ることになるかもしれませんが，だいたいの保護者が「しっかりと注意していきます」という風になってくれます。**根比べに負けてはいけません。**

③ そろったときのご褒美は,全員に

「宿題が全員揃ったらシールをあげよう！」というキャンペーンもありですね。いきなり全部が無理なら,漢字だけとか計算ドリルだけとか,まずはスモールステップでいきましょう。もちろん教科書忘れにも適応できます。

そもそもの話ですが,宿題をさぼったり時間割を合わせたりしない子は,**それらに必要性を感じていない**のです。つまり,してなくても困らない。本来なら,学習の大切さを知ってほしいのですが,すぐには難しいため,よく忘れる小川くんが宿題をしてきたら「やったー！今日は小川君が漢字やって来たって！」と友達が喜んでくれる方が効果があります。

④ 先生も忘れる時がある

当然ですが,**先生が何かを忘れる時がありますよね。これは大チャンスです。** この時の先生の対応が,子どものモデルとなります。私はたまに,宿題のドリルの配り忘れをしてしまいました。次の日に,「昨日は配ってなくてごめんなさい。これから気をつけます。」と謝ります。決して,「ドリルぐらいなくても代わりの宿題できたやろ〜。なんでやってないんや。」と,**自分のミスを棚に上げて子どもを責めてはいけません。** なぜなら,子ども達の中には,「お母さんに,あんたドリル忘れて来たやろ！ってめっちゃ怒られた…。」という子がきっといるからです。その子にとっては先生のせいで怒られたのですから,ここはきちんと謝ることが大切です。そうすることで,今後,宿題を忘れても謝らない子を注意することができるのです。

前述したように,**「忘れてもへっちゃら」という考えをなくす**のが先決です。忘れないためには,どうすればいいのかを子どもと一緒に考えます。ある子は,「居残りで宿題を半分だけして,残りは家でする。」またある子は,「忘れないために,毎日全教科持ってくる！」と決めていました。

どちらもいい案とは言えないかもしれませんが,その子自身が自分の忘れ物を減らすために考えた結果なのです。忘れ物が多いということは,**「よくない習慣が身についている」** ということです。それを直すのか,新しい習慣を身につけるのかのどちらかを,子どもや保護者と一緒に考えていきましょう。

宿題

さあ，これはもう小学生たちの永遠のテーマの定番のひとつ，**「なぜ宿題はあるのか」**ですね。ちなみに，みなさんはその理由をどう考えられますか。もちろん学力をつけるという理由がまずは浮かびます。「なぜ勉強しないといけないのか」という不動のテーマもあるのですが，今回は宿題に焦点を当ててみましょう。私は，子ども達に次のような内容を話していました。

①　与えられた課題をやり切る力をつける　～責任感～

宿題とは，与えられる課題です。それをやる，**やり切るということは，人生の中でとても大切な力のひとつ**だと思います。将来，社会に出た時，たいていの職業の場合まずは与えられた課題をこなすことから始まります。そして，それを着々とクリアしていくと，次は与えられた課題ではなく，自分で考えて課題を見つけて，それをこなしていくレベルになります。そしていつしか，課題を与える側になっていくというわけです。まあ，全ての職業がこうではないのですが，いずれにせよやり切る力は大切な力です。

②　不利な状況下でも，自分の力を発揮する力をつける　～自律～

家ではいろいろと誘惑があります。それらに負けずに頑張る力。もしくは，習い事や家の事情で，宿題に取り組む時間が限られている。しかし，こういった状況でも，時間をうまく使って優先順位をつけて行動することができれば，きちんとやり切ることができるはずです。

世の中では，**何かしらの制限がある中で，自分の本領を発揮しなければなりません。**何のプレッシャーもない状態で，課題をやり切ることができるのは容易なのです。また，学校の教室のように，やるしかない環境下で課題ができるのも至極当然なのです。**不利な状況でも，きちんと自分の力を発揮するのは，生きていく上で大切な力**だと思います。

今は宿題を出されるけど
いつかはおれも出す側になる！

がんばれ！

負けへんでー！

公園　漫画　テレビ　ゲーム

③ 家庭での過ごし方を, 学ぶ機会 〜家庭の教育力〜

　宿題は, 100％と言っていいほど家庭の教育力に支えられています。それは1年生の1年間で確実に身に付けておくことで, 後の学生生活での家庭学習もきちんとできる子になります。「どうすれば家で勉強するのか？」ということですが, 例えば, 漢字や本読みなど, **自分がその宿題を終えた時刻をノートに記入させておく。** これだけでも, 「○○くんは早くに終わったね。」とほめることができます。そして, **低学年であれば保護者に協力をお願いします。宿題を見てあげてほしい**というのもありますが, 「おわったらいっしょにアイスを食べるとか, 抱っこをするとかしてあげてください〜。」という協力要請です。無理矢理やらせる方法はよくありません。できることは声かけぐらいです。

　それよりも子どもたちは, **「宿題をすればいいことがある」**というほうが, 親も子どももやってみようかなという気持ちになるかもしれません。

④ 宿題を自分で決める日を設定する 〜自主性〜

　もしできるなら, たまには自分で宿題を決める日を作ってみましょう。月に数回でもいいです。**自分で勉強することを学ぶいい機会**です。例えば, 校外学習の前日に, 「今日はみんなに早く寝てもらいたいので, だから宿題を少なくします。**宿題を4つ出すけれど, その中から2つを自分で選んでしてきなさい。**」すると, 「ひとつは本読みやろ。もうひとつは漢字にしよっかなあ。計算にしよっかなあ。」と子どもなりに考えます。

　中学校以上になれば, 予習や復習, そして数週間かけて仕上げる課題やレポートなど, 計画的に自ら取り組む力が必要になります。その下地になるのが, 小学校における宿題です。とにもかくにも, 宿題というものはそれをやることで, **「生きていくうえで一生使える力」**を身に付けているということなのです。もちろんそんな意識は子どもにはありません。家で本読みをすることは, 言葉を学ぶとか, 脳に刺激を与えるとか, もちろん学力としての価値もいろいろとありますが, それと同時に, 大人になっても使える力を着々と備えているということを, 子ども達に伝えたいですね。

第1章
第2章
第3章
第4章
第5章
第6章

楽しい宿題

宿題をやり遂げる大切さは先ほど述べましたが，それでも子どもにとって宿題はない方がいいものです。保護者にとっても，少ない方が喜ばれます。昔どこかで，本読みの宿題に「スイミー全文」が出ていたのを聞いたことがあります。これは**読む方も聞く方もかなり体力が必要**です。宿題は出す方も仕方なく出しているというのが現実かもしれません。ここでは，子どもも保護者もちょっと気分転換になる宿題を紹介します。

① 本読みの代わりに，肩もみ３分！

私はよく週末の本読みの宿題を，これにしていました。お家の人に３分肩もみするのですが，これが大好評でした。保護者からは**「肩もみしながら学校のことをいろいろと話してくれました。」**とか，**「いつのまにか力が強くなっていて，嬉しくなりました。」**といった感想が連絡帳に寄せられました。学校のことをあまり話さない子どももいますよね。そういった子たちも，この**３分間は親子で触れ合う**わけですから，話も弾みます。もちろんおばあちゃんにする子もいます。そして，たまに「足ふみマッサージ３分」とかに変えてみたり，**運動会の練習がきつい時は，「肩もみ３分してもらう」**を出します。お家の人から肩もみをしてもらう子ども達，感想は「くすぐったかった～。」が大半でした。

② 掃除や洗濯，家事も宿題にする

①肩もみの代わりに，家事も出していました。まずは，「玄関掃除」です。これはかんたんです。そこから，お風呂掃除，トイレ掃除までステップアップしていきます。**家のトイレの掃除はしたことがない子がほとんどなので，「お母さんと一緒にしました。」**というのが多いですね。そして，洗い物や洗濯もどんどん出します。保護者からは，「初めてするのに上手でした。」とか「とっても助かりました！またお願いします～」といった感想が寄せられます。お手伝いは，進んでするものですが宿題にしてあげると，普段手伝いをしない子がするので喜ばれます。そして，**月末の宿題は，「上靴を持って帰って洗う」**になります。

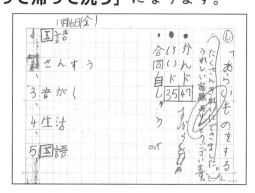

③ 親子ふれあいタイムにする「いっしょに〇〇する」

お手伝いもいいのですが，**たまには親子で触れ合う宿題も好評**でした。簡単なのは，「しりとりを三分間する」です。または，「歌を一曲いっしょに歌う」も楽しいですよ。高学年であれば，「いっしょに食事の準備をする」もいいですね。先ほどの家事の手伝いに似ていますが，いっしょに料理をするのもいい宿題です。

ほとんどの家庭において，じっくりと子どもの話を聞いたり，平日に子どもと遊んだりする時間がとれる保護者は少ないのではないでしょうか。お仕事をしていらっしゃる場合は，帰宅するのが遅かったり，帰宅してきても家事でバタバタとしたりすることがほとんどでしょう。その中で，子どもから，「いっしょに歌を歌って〜。宿題なんや。」となれば，

せざるを得ません。場合によっては，「めんどくさい宿題を先生は出してくるなあ〜。」とお叱りを受けるかもしれませんが，**子どもにとっては，本読みを聞いてもらうよりも楽しい宿題である**と思います。「家の人の膝の上に３分間座る」もありです。

そして，たまにこんなテーマもいいですよ。「お家の人を３つずつほめる」です。大家族の子は，「ぼくの家，６人家族やから大変や〜。」と**ちょっと嬉しそう**に下校していきました。

嬉しい宿題だなぁ〜

宿題とは，子どもにとっても親にとっても義務的な作業であることは否めません。そこに楽しさなんて見出すことはまずできません。場合によっては，算数の宿題にもたもたしていたり，漢字ノートをきれいに書いていなかったりすると，「ちゃんとしなさい！」と**親子のストレスのもと**になってしまいます。それを次の日の休み時間に，バタバタしながら私が添削するわけですから，何というか関わる人全員が不幸になっていっているような気がしたこともあります。もちろん宿題の大切さは前の項でお話していますので，ここでは，**たまには肩の力を抜いた宿題を出してみてもいいかなあ**と思っていただけたら嬉しいです。

第1章
第2章
第3章
第4章
第5章
第6章

なぜ勉強するのか

　宿題と並んで子ども達にとって子ども業界最大の謎，「なぜ勉強しないといけないのか？」。この答えを明確に提示し，子ども達を納得させることは容易ではありません。ただですね，見方を変えていただきたいのですが，**「なぜ休み時間はあるのか？」**，**「なぜドッジボールをするのか？」とは子どもは尋ねて来ません。**つまり，自分たちが受け入れたくないものや，嫌々ながら取り組んでいるものに対しては，「なんでやねん？」とツッコミたくなるのでしょう。ということは，大前提として**「多くの子ども達は勉強が好きではなく，それに必要性を感じていない。」**ということになります。みなさんがもし，管理職や先輩教師から「この本はすごくいい。勉強になるから読んでレポートにまとめてごらん。」とあまり興味が持てそうにない分厚い本を夏休み前に渡されたらどんな気持ちがしますか？ 気分が重くなりますよね。子ども達はそんな日々を送っているのです。立派なもんです。では，勉強の必要性を考えてみましょう。

① 豊かに生きるために勉強する！

　ここでは，いわゆる**「知識」**や**「技能」**についてお話します。それらがあれば，豊かに生きることができると私は思います。例えば，「道端に花が咲いている。」とします。その前をたくさんの人が通り過ぎていきますが，次のようにいろいろな人が世の中にはいます。

①花が咲いていることに気づかない人
②花が咲いているのに気づく人
③花の名前はなんだろう？と思う人
④花を見て「コスモスだ。」と思う人
⑤花を見て「コスモスだ。秋だなあ。」と思う人
⑥花を見て「秋桜だ。たしか花言葉は色によって違うんだよなあ。」と思う人
⑦花を見て「秋桜だ。今度，家の玄関に活けてみよう。」と思う人

　いかがですか？ ⑥や⑦の人は**きっと素敵な人生を送っているような気がしませんか？**（かなりの偏見ですが笑）**何かを知っている，何かができるということは，日々の生活の中で他の人には味わえない幸せな瞬間を味わうことができる**と思います。それは生きることの豊かさのひとつであると私は思います。

②　人生で選択したり，判断したりするために勉強する！

　ここでは「**生きる**」ということを考えてみましょう。例えば，「ある部屋に閉じ込められて食事や睡眠，娯楽など生きるために必要なものはすべて与えられるけれど外には出られない生活」というものは，果たして生きていると言えるのでしょうか。また，20才になるまでそのような生活をしていた人が，いきなり社会に出されて「好きに生きていい。」と言われて，果たして生きていけるでしょうか。

　答えはノーです。それまで何かを考えたり，選んだりしたことがない人は，生きる上での選択や判断の場面でオロオロしてしまうでしょう。私は，**生きる上で大切なことは要所要所で選択したり，判断したりすること**だと思います。それによって自分の人生が決まるからです。場合によっては，間違った選択をしてしまい，人生においてつらい時期を過ごすことになる場合もあります。でも，**しっかりと勉強をしてきていれば，そこから這い上がることができますし，再び何かを選択する場面では失敗を生かして正しい判断ができるかもしれません。**勉強していれば，人生の岐路であわてることはありません。

　失敗した時に，「いい勉強になった。」という人がいます。であるとすれば，失敗という勉強もたくさんしておいた方がいいのかもしれません。失敗といった間違いすらも勉強と言えるなら，つまるところ，勉強って何なのでしょうね。私は，「**生きていくうえで，身につけておいた方がいいもの。**」だと思います。学力が高いことが全てではないですが，高い学力をもった人はそうでない人よりもいろいろと選択肢が多くなることも，世の中においてある意味事実だと言えます。学校という場所は，生きていくうえで最低限身につけておいた方がいいものを身につける場所だと言えるのではないでしょうか。

○ 勉強が，豊かに生きることにつながる！

○ 勉強しておくと，選択したり，判断したりできる！

○「学力」は，人生の選択肢！

自習のさせ方

　年に何回かは必ずある出張。大切な会合だったり，研修だったりします。それらはもちろん私たちにとって身になるのですが，問題はそれによって生じる**指導者不在に伴う自習**です。経験年数とともに校内外で担う職務も増加していくので，多い場合は子ども達から，「先生今日も昼からおらへんの？」と言われるぐらい出張の多い時期があります。私は多い年で週に1〜2日は出張がありました。もちろんできるかぎり専科の先生に授業を振り替えてもらったり，自習にして空き時間の先生に入ってもらったりしました。しかし，子ども達だけの自習時間もあり，どういうわけか教師不在の時に限って問題は発生し，学校からの電話で出張を途中で取りやめて戻ったこともしばしばありました。私にとっては，**「自習ができるクラスにする」**ことは死活問題でもあったのです。

①　「先生はいなくていいよ」　　というクラスを目指す

　まずは，子ども達の心構えです。先生の指示をしっかり聞き，きちんとやり遂げる。そういった雰囲気をできるだけ早くクラスに作り上げます。そして子どもたちに話します。「先生を頼りにしてくれるのはすごく嬉しいけれど，それ以上に嬉しいのは**先生を頼りにせずに自分たちで物事を進めて行けたり，問題が起こっても解決できたりする**方なんだ。他の先生から，4年1組は小川先生がいないとあかんなあと言われるより，小川先生がいなくてもちゃんとできるんやなあ。って言われたい。僕らは小川先生いなくてもいいねん。っていうクラスを目指したい。」すると子ども達は，「僕らは信頼されている。」と感じるのか，その後は**「先生，いなくていいで。」**とやたら言うようになります。

②　課題は時間設定し，　　ミニ先生を活用する

　心構えができたからと言って，すぐにうまくはいきません。指導者不在では，集中力が続かないのは当たり前です。教師がいても集中できない子どももいますからね。

　そこで，課題に対して時間設定をします。自習では，だいたいドリルやプリントをすることが多いのですが，「10時10分までは計算ドリル。そのあとは，35分まで漢字ドリル。」というように，課題に取り組む時間を設定し，その時間までに終わっていなくても，次に進ませます。そして，早く終わった者は，次の課題に取り組まずに，「ミニ先生」として困っている友達に教えに行きます。

　安易に**「残りは宿題！」**とかにすると，**取り組みが雑になったり，遅い子どものモチベーションがさがったりする**ので，私はよく失敗しました。

③　自習はうまくいったら奇跡，失敗して当たり前。みんなで考えるチャンス！

出張の後や翌日に振り返ります。だいたいが，「〇〇くんがうるさかった。」，「〇〇さんと◇◇さんがけんかした。」とか，ある時は，「隣のクラスの先生に怒られた。」という最悪の結末もありました。しかし，ここで子ども達を叱ってはいけません。**「うるさい子がいたのも，けんかが起こったのも，違う先生に怒られたのも，みんな先生の責任です。ごめんね，みんな。」**と子ども達に謝るのです。

すると，「いや，先生の責任じゃないよ。僕らが…」という殊勝な子がいるのです

が，「いやいや，先生が出張に行ったから。みんなに自習する力がまだなかったのに，すまなかったね。」もうおわかりですね。その後いくつかのやり取りを経て，「どうすれば自習ができるか」という前向きな話し合いになります。

当時のクラスでは，**「先生，自習の時に席替えをしてもいいですか？　〇〇くんの横に僕が座ります。」**という意見も出ました。理由を聞くと，「ドリルの問題がわからなかったから，ついついしゃべってしまったと言うので，わからないところがあったら，僕がいっしょに考えます。」すごいなあと，心から思いましたね。

自習とは，「教師不在でも問題なく時間をすごす」ということが最低限の目標になります。課題を終えるというのは，それよりもっと後になります。教師はついつい，**「することをたくさん与えておけば，子ども達は取り組むのにいそがしくて，問題も起こらないだろう。」**と思いがちですが，それではうまくいかない場合もあります。学力が低くて取り組む意欲が持てない子や，逆に高くて早く終わってしまう子にとっては，自習の時間は苦痛だったり，暇な時間だったりします。

そうならないためにも，**「問題なく自習の時間を過ごすという目標を，全員が意識する」**ということが大切です。極端な話，「課題は全員が最後までできなくていい。みんなが仲良く問題なく自習ができたら合格！」というぐらいでいいのです。うまくできるようになるのは，だいたい二学期半ばです。学級の成熟度が見える時期ですね。その頃になると，「先生今日は昼から出張やろ。気をつけてな。あとはまかしといて。」と言ってくれるようになりました。「困ったら他の先生に助けを呼びよ。」と言っても，「いらんて。先生おらんでいいねん，ぼくら。はよ出張行き。」と頼もしいやら，ちょっとさみしいやらの関係になってました。

給食指導

給食，それは子ども達にとって楽しみな時間のひとつです。まあ，最近はアレルギー対応で細心の注意を払わなければならないことも増えてきましたが，それでも休み時間と並んで子ども達のワクワクタイムのトップに君臨しています。給食の準備や片づけなどいろいろなことも含めての給食指導ですが，ここではズバリ，**「楽しい給食」**と**「残さず食べる」**ということについていくつかお話します。

① 食レポ選手権で，おかわりチケットゲット！

給食のおかずについての食レポをさせます。苦手な子もいたので，私は希望者によるエントリー制にしていました。ルールは単純，給食を食べながら食レポをして，審査員はクラスのみんなで優勝者を選ぶ。そして，優勝者には，**「おかわり優先チケット」**が景品で与えられ，翌日の給食からおかわりを優先的に入れてもらえる，というイベントです。

表現力や語彙力を高めるのに，なかなか面白いですよ。子ども達が，「おお，この味付けと野菜のうまみが絶妙なハーモニーを作っている。このスープは最高だ！」と食レポをするのです。笑ってしまいますよ。

この味は…
ファンタスティック！

② 残さず食べるには，少なめにいれて，フライングもOK

いろいろなやり方があると思いますが，ここで紹介するのは**「食べられる量を配膳する」**ということです。栄養教諭の先生と話したことがありまして，**「特定のおかずだけ減らすのはよくない。それは好き嫌いだから。体調や体格などで食べられる量は個人差があるから，減らすなら全部を減らすのがいい。そうしたら，摂取できる栄養のバランスも崩れない。」**と言われてなるほどなあと思いました。逆に1つのおかずだけ超大盛に入れるのも，栄養のバランスとしてよくないそうです。

なので，配膳するときに，「ミッ〇ーマウスセット（ネズミだから超少ない）」「ペンギンセット（あまりたくさん食べない）」といった少な目に配膳されたものを希望者に用意し，**時間が不安ならいただきますの前に食べ始めてもよい**ことにしました。たいていの子どもは，これで時間内に完食できるようになります。量と時間の両方の配慮があるわけですからね。

③ 早く終われば，心理テストや クイズタイム

　時間内に終わるのが目標なので，終了3分前までに全員が食べ終わったら，クイズなどいろいろなことをしました。中でも人気だったのは，心理テストです。あと，先生のマジックや，読み聞かせもいいですね。ちょっとしたものでも子どもは喜んでくれます。**ご褒美があれば，人間がんばれる**ものですからね。もちろん，子ども達の係活動連絡タイムを入れてもオッケーですね。あまり騒がしくならないように注意は必要です（笑）。

　給食は楽しい時間ですが，それだけではいけません。きちんと必要な栄養を摂取し，子ども達の発育を促しつつ，食事のマナーも身に付ける時間です。ベテランの教師になると，これらが全てばっちりできるようになりますが，まだまだ経験を積んでいる若手の先生であれば，**優先順位をつけてコツコツと指導**していきましょう。あれもこれもと，すぐにはできません。

　そして大切なのは，**ルールや取り組みを子ども達といっしょに考えること**です。「どうしたら時間内に食べられるかなあ？　量を減らす？　時間を延ばす？　自分はどれだと思う？」と，子どもに考えさせることも大切です。**自分の食生活について，見つめさせることも「食育」**であり，給食指導の大切な役割のひとつでもあります。

○楽しく食べる！
○量よりも，栄養のバランスを！
○子どもと一緒に考える！

第1章
第2章
第3章
第4章
第5章
第6章

清掃指導

清掃は，子ども達にとってどのような時間なのでしょうか。使った場所をきれいにする，仲間と協力してがんばる，ちょっと難しいですが，公徳心を養う，などなど様々な要素を含んでいます。見方を変えれば，これほど**多様な学びの時間**は他ではあまり見られません。しかも，毎日あるのですから，これは有効に活用したいですね。

① 正しいやり方を，確実に身につけさせる

掃除を真剣にしない子に理由を聞くと，**「やり方がわからん。」**というのが多く聞かれました。私はいつも，「最初に教えたやろ。」とか「周りを見たらわかるやろ。」とその子の怠慢だと決めつけていました。

これが失敗でした。当たり前ですが，**この注意で頑張ろうとは思わない**からです。ですから，私は途中から「よしわかった。じゃあいっしょにやろう。」と**その子が覚えるまでいっしょに掃除をしました。**これでもかーというぐらい細かく教えます。正しいやり方とともに，早く綺麗になるやり方を伝えます。**いい道具を与えることも大切**です。1年の始めには，ホウキは新品に替えたいですね。ぼろぼろの道具ではやる気はでません。

こうすると
うまくできるよ！

なるほどー！

② 先生が誰よりも真剣にする

これも大事なことです。私の経験上，清掃時間の先生方の行動は二つに分かれます。一つは，**子ども達といっしょに掃除をする先生。**もう一つは，**いろいろな掃除場所を見て回る先生。**どちらがいいというわけではありません。二つを場合によって使い分けるのがいいと思いますが，前者の先生のクラスの方が子ども達は掃除をしっかりしている印象があります。

私は，先輩から**「子どもは先生の言うことは聞かないけど，先生のすることは真似をする。」**と言われたことがあります。ですから**私は，掃除をする時は率先してぞうきんの水拭きをします。**ほうきでごみを掃く先生はよく見かけますが，床を水拭きしている先生はあまり見かけません。

高学年になるほど，水拭きを嫌がります。冬は手が冷たいし，何よりしんどいのでしょうね。**「冷たいなあ〜。」って言いながらいっしょに水拭きをする。**これだけで，クラスの大部分が掃除を真剣にするようになります。

③ 他の先生にお願いして，ほめてもらう

①で登場したような掃除を真剣にしない子に対しての仕上げです。隣のクラスの先生に「今日の掃除時間に，掃除の苦手な〇〇くんといっしょに廊下の掃除をします。通りすがりに〇〇くんを褒めてあげてください！」とお願いしておくのです。そして，**偶然を装って，「お，〇〇くん今日は頑張ってるね〜！その調子！」**と言ってもらえたら，子どももや

る気ぐーんとアップです。次の日からきっとがんばってくれます。**先生のチームワークによる作戦勝ち**です。

　掃除は，１年生も６年生も同じレベルになることができる時間です。年齢に関係なく力を発揮し，達成感を含めた成果を得ることができます。さらに，こんな話を聞いたことがあります。ある中東の国が学校教育の水準を高めようと日本に視察に訪れて，感動して自国に取り入れたのが，掃除時間だそうです。外国においては，校内の掃除は業者が担当していることがほとんどです。日本人特有の「物を大切にする心」，「感謝をする心」，「他人を思いやる心」などは，掃除をすることで育まれると言っても過言ではないかもしれません。サッカーワールドカップで日本人サポーターがスタンドのごみ拾いをしたことが，世界中の話題になりました。**「来た時よりも美しく」**という日本の文化を子ども達に残したいですね。

○ 正しい方法とよい道具！
○ 先生が本気でする！
○ ほめほめ作戦で決める！

棚や机の整頓

前述した掃除の場所を，「みんなが使う場所」とすれば，個人の机の中や，教室後ろにある整理棚は，学校にある数少ない「個人の場所」になります。毎日整頓するわけではありません。というよりも，**「毎日整頓できている状態が望ましい」**ということになります。それでもクラスに数人は，机の中にプリントがたまっていたり，ランドセルが斜めを向いていたりします。私も整理整頓が苦手なタイプなのでよくわかります。なぜなら，**「ちらかっていても別に困らない」という無敵の論理**が発動するからです。それでも，やはり整理整頓ができる子どもに育てなければなりません。（自分のことはおいといて…）

①　連絡袋の代わりは古封筒　「ご自由にお取りください」

机の中でプリントやテストが丸まっている子どもは，だいたいが「連絡袋（プリントや手紙を持ち帰るファイル）」を忘れている子だと思います。私は，古封筒を教室にストックしておいて，普段は欠席児童への連絡や塗り絵係の作品入れに使っていましたが，**「連絡袋がない人も自由に使っていい」**にしていました。**入れるものがあれば，子どもは入れて持って帰るもの**です。これでほとんどの子どもがプリントは持って帰るようになります。家に帰ってそれらをちゃんと出すかはわかりませんが（笑）。

②　整理整頓抜き打ちチェックでシールゲット！

教室後ろの個人棚は，抜き打ちでチェックします。ポイントは，**個人ではなく例えば縦の列**で見て「おお，この列は3人ともすごく整頓されているね。よし，シールを貼っておこう。」と棚にシールを貼ります。あらかじめビニールテープを貼って，その上からシールを貼ればはがすのも楽ちんです。貼ってもらえなかった列に対しては，「3人で協力してもいいよ。」にします。**整頓できてない子どもの棚を，残りの2人が手伝って整頓する**のです。整頓できていない子は，「整頓の仕方が分からない」というよりも，「どうなれば整頓できている状態なのかがわからない」ということが多いのです。ですから，その感覚を友達と一緒に身につけていくのです。

③　席替えならぬ，棚替え

　およそ月に一度，席替えをしますよね。同様に，個人棚の場所を替えるのも，気分転換になります。

　そして，その時に要らないものを処分したり，持って帰ったりさせると，整頓された棚でその月をスタートすることができます。しばらくするとまた乱雑になることが多いのですが，大事なのは，「**自分だけが整頓させられるのではなく，みんなで整頓する**」ということです。「小川君，整頓しなさい！」と言われて，一人だけ棚の整頓するのはなんとも情けなく惨めな気持ちになるかもしれません。

　月に一度，「整頓DAY」を設けて机の中や棚を整頓するのもいいですね。日頃から整頓できている子はすぐに終わるので，散らかっている子のお助けにまわってもらえますよ。

　整理整頓は，筆箱が基本です。筆箱の中身がきっちり整っている子は，だいたい棚も整っています。掃除と似ていますが，「何を，どこに，どのように片付けるのか」これを明確にしておいて，１年間の早い段階で身につけさせます。なわとびはここ，水筒はここ，絵の具セットはhere といったように，整然と並べることができるようにセッティングしておくと，子どもはその通りにします。子どもは散らかしたいのではなく，整頓ができないのでもなく，**整頓の仕方がわからない**のです。コツを示すことが大切です。

○古封筒で持ち帰らせる！
○個人よりもチームで整頓！
○棚を替えて気分転換！

学級通信

　学級担任をされている方は学級通信，教科担当の方は教科通信など，いろいろな形で通信は発行されることがあります。みなさんはいかがですか？ 私は，担任時代は学級通信を発行していました。年間授業日数がおよそ200日なので，目標は100号でした。忙しくてさぼってしまい70号ぐらいで終わったしまった年もあれば，150号ぐらいまで出た年もあります。まあ，Ｂ５サイズで，しかも手書きですから，情報量としてはそれほど多くはなかったと思います。それでも，**保護者や子どもからはいつも楽しみにしてもらえていた**ので，励みにがんばっていました。発行されたことがない方は，ぜひ，チャレンジしてみてはいかがですか？

①　写真と日記でスペースを使う！

　授業の様子を写真にとって，それを掲載する。それに吹き出しをつけてコメントするだけで，立派な学級通信になります。また，**子どもの日記や作文を縮小コピーして貼り付けて，コメントする。**いいですね。十分です。先生が書く部分は減りますし，**子ども達も自分たちの写真や作文が載れば喜びます**からね。どちらにもメリットしかありません。

②　誕生日号は外せない！

　誕生日号は，その子にとって宝物になります。私の教え子に，ヴァイオリンをがんばっていてプロを目指している子がいます。国際大会で入賞するほどの腕前です。一度，コンサートに招待してもらいましたが，そこでその子のお母さんから聞いたのが，「４年生の時に先生が書いた学級通信の誕生日号，娘はあれからずっと冷蔵庫に貼っていたんです。やっ

と夢が叶いました！」誕生日号は，**「将来の夢」**の作文を子どもが書き，それに私がコメントするものでした。書いててよかったなあと，思いました。

③ いいことも，よくないことも
オープンに

　日々のクラスの様子をお伝えする中で，よくないことが起こった時ももちろんお伝えしました。個人名や内容については最低限の配慮は必要ですし，伝え方には最大限気を遣いました。大切なのは，**トラブルが起こって，それで個人もクラスも成長したということ**を伝えなければなりません。

　私は，そのような通信の最後には，**「今日は3の1の，けんか仲直り記念日です」**と締めくくりました。俵万智さんの「サラダ記念日」ではありませんが，先生が，「こんな問題をクラスにプレゼントしてくれた子に，ありがとうと言いたいです。」と書けば，それが真実になります。**よくないことが起こった時に，先生がそれをどう捉えているか，保護者に伝えるチャンス**というわけです。

よくないことをうまく書くって難しいよね〜。
でも，家の人はそういうのもちゃんと知りたいのよなぁ〜。

　学級通信は，多忙な教員にとってはかなりの負担になります。事実私もひと月ほど出さなくて子ども達から，「先生，最近『ガッツでGO！』出えへんなぁってお母さん言うとうで。」と言われたこともしばしばあります。またある時は，私の尊敬する同僚と，よく通信を出す頻度を競争していました。だいたいいつも負けていましたけど（笑）。SNSやネットでいろいろな情報が溢れる世の中です。まずは，月一回や「運動会特別号」といったように，行事の後に出してみてはいかがでしょう。やってみて損はないですよ。

○子どもの作品を載せるべし！
○誕生日号は絶対出すべし！
○よくないことこそ，載せるべし！

第1章
第2章
第3章
第4章
第5章
第6章

第1章
第2章
第3章
第4章
第5章
第6章

参観日＆オープンスクール

我々が苦手とするものですね。見られるのはどうも緊張しますから。子ども達も緊張しますが，先生の方が緊張しますよね。なぜなら，**「失敗したらどうしよう？」**とか**「変な指導して，後で保護者からクレームが来たらどうしよう？」**とか悪い方ばかり考えてしまうことが多いからです。そもそも授業参観は，**保護者は我が子を見に来るのですから，先生なんておまけみたいなもの**なのです。まあ，それでも「今年の担任はどうかな？」という目で見られていることも，ある意味事実ですがね。

① 子どもを主役にする授業に！

「目標は全員発表！」ということをよくねらって授業をしました。これは意外と簡単です。何かの発表会にすればいいのです。そうなると学年内で内容をそろえることや，ある程度計画的にして練習をする必要もあります。大ごとですが…。

しかし，簡単な発表会も可能です。例えば，国語で「俳句を作ろう」は，いろいろと工夫もできます。五・七・五を友達と分担して作るとか，新しい季語を作るとか，なかなか盛り上がります。発表するのが苦手な子どもは，短冊に書いて黒板に掲示すればいいのですから，全員が発表できます。

② 保護者も巻き込んで，盛り上げる！

せっかくなので，保護者も巻き込みます。私がしたことがあるのは，**「算数の授業の後半に練習問題の丸つけをしてもらう。」**です。事前に学級通信でお知らせしておきます。教室の後ろに，赤鉛筆とシールをたくさん置いておき，保護者を**「〇〇くんのお母さん先生」**という感じで子どもに呼ばせます。もちろん我が子を優先的にみる保護者がいらっしゃってもいいのです。**「親子ふれあいの時間」という設定にしてもおもしろい**ですね。

他にも，子どもの発表に対して点数の札を挙げてもらう審査員役とか，先ほどの俳句作りに参加してもらってもいいですね。

第1章
第2章
第3章
第4章
第5章
第6章

③ 学年末の参観日は
　　サプライズを仕込む！

　6年生では「最後の参観日」として涙涙の時間になることは周知のことですが，5年生以下でも，「〇年生最後の参観日」として，ちょっとしたサプライズは仕込みたいですね。簡単なのは，**授業の最後に一年間撮影してきた写真をBGM付きのスライドショーで流す。**最近ではアプリを使えば簡単に作れて，しかもけっこう感動します。

　他にも，歌を歌う，「1年間ありがとうカード」を渡すなども，喜んでもらえます。もしも，クラス全員の保護者が来ているなら，**児童の椅子に座ってもらって3分間肩もみしながら1年間のお礼を伝える。**これはなかなかいいですよ。滅多にできませんが。

　参観日やオープンスクールは，子どもが家に帰った後に**保護者から「今日はがんばってたね。」とほめてもらえることが大切**です。そうしてあげることは教師の使命です。「普段通りの姿を見てもらおう。」という言い訳を理由にして，子どものダメな姿を見せてはいけません。どうしても見てもらいたいなら，参観日以外でその保護者を呼ぶべきです。**他の保護者の前で我が子のダメな姿をさらされては，担任への信頼を築くことはできません。**

　普段通りの授業を見てもらうというのはいい言葉ですが，プロでも大会やコンサートではいつも以上の力を発揮するものです。**普段とは違う授業をするのではなく，普段からいつ見に来てもらってもいいように授業をすることも大切**です。もちろん私はできませんよ（笑）。

○全員発表は必須！
○保護者も楽しい時間に！
○最後はちょっとサプライズ！

連絡帳

みなさんは，連絡帳はどのように活用していますか？「ん？ 連絡帳を活用？？」と思われる方も多いと思いますが，連絡帳を馬鹿にしてはいけません。宿題や連絡事項を書いて帰り，保護者がサインをするだけのノートではないのです。子どもが毎日使うわけですから，**使い方ひとつでいろいろな効果を発揮しますよ。** 活用の方法をいくつかご紹介しますね。

① 「連絡帳」から，「自主学習ノート」に

これは，私が若手時代に先輩から教えていただいてそれからずっと取り組んでいることなのですが，いわゆる連絡帳を使わずに，10mm方眼のノートを連絡帳として使っていました。ページの上部分に時間割や宿題を書き，その下を**「自主学習」** としました。漢字や計算，ことわざを書いたり，授業の振り返りを書いたり，日記もオッケーでした。

3年生以上が対象ですが，2年生で取り組んだこともあります。思った以上にできるものですよ。

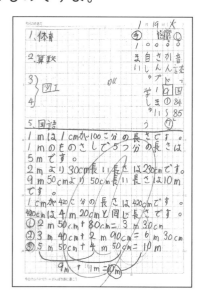

② 本読みの感想も，記入してもらう

本読みカードを使われている方も多いと思います。いわゆる「声の大きさ，はやさ，気持ちをこめて」などの項目を設けて，◎○△で記入するタイプが主流ですね。これも日々の成長が見て取れるのでいい取り組みなのですが，私は，**連絡帳の宿題の欄に，ひと言，本読みの感想を保護者に書いていただいていました。** 「聞きました。」，「上手でした。」，「ちょっと眠そうに読んでいました。」などなど，コメントでいただくと，どんな様子だったかよくわかります。忙しい場合は，もちろんハンコでもオッケーにしました。

これのよかったことは，本読みの感想のついでに，「本読み聞きました。今日の体育で跳び箱が飛べたと嬉しそうに話してくれました〜。」というコメントがけっこう寄せられるのです。保護者にとっては，**わざわざ連絡帳に何かを書こうとは思いませんが，ペンをとったついでにひと言，** みたいな感じで気軽に書いていただけるみたいですよ。

あと，本読みカードと連絡帳が別々であるよりも，**1冊で済む方がノートを見る時間も短縮できます。**

③ 連絡帳を書く時間によって，「めあて」と「ふりかえり」ができる！

連絡帳は，一日のいつ書かせるかによって連絡事項以外の活用ができます。**登校後に書かせている場合は，連絡帳に「今日のめあて」** なんかを書かせると，一日のいいスタートを切ることができます。

下校前に書かせている場合は，「今日がんばったこと」 なんかを書かせると，一日をうまく振り返ることができます。できなかったことを書く必要はありませ

ん。明るい気持ちで下校する方がいいですからね。

もちろん，保護者も必ず目を通すので，これは前述した保護者のコメントにも直結します。**家であまり学校のことを話さない子どもにとっては，保護者に自分のことを伝える手段の一つになり得ます。**

連絡帳でつながろう〜

連絡帳は，高学年になれば保護者が目を通さなくなることもありますし，子どもも見せなくなる場合もあります。その場合，学用品の準備物や大事なお知らせが，連絡帳を通じて保護者に届かないことも考えられます。しかし，**本読みの感想記入欄があれば必ず目を通してくれますし，自主学習もいっしょになって取り組んでくれる** 保護者もいます。連絡帳をうまく使えば，**子どもと先生と保護者がつながること** ができますので，楽しい1冊になりますよ。

○ 連絡帳よりも学習ノートに！
○ 毎日保護者が見る仕組みに！
○ 親子の会話のきっかけに！

第1章
第2章
第3章
第4章
第5章
第6章

特別支援教育

　特別支援学級担任の先生方にとっては，ここまであまり参考にならなかったと思います。私は，特別支援学級の担任をしたことがないので，その分野については何も語れません。最近は，**インクルーシブ教育や連携支援，保護者や関係機関との連携など，特別支援教育についての職員研修も幅広く行われるようになりました。**私はあまり専門的に学んでいるわけではありませんが，担任した学級に支援学級在籍の子どもはいましたので，いわゆる「交流学級の担任」として，学んだことをいくつかお伝えしたいと思います。

① 学級づくりに，大切なものを与えてくれる

　交流に来ている子ども達は，本当に個性的でした。ですから，「クラスのみんなはちゃんと受け入れることができるかなあ。」と心配したまま始業式を迎えますが，驚いたことに**4月に担任した段階で，「すでにクラスの子ども達からその子達は受け入れられている」ということ**でした。そうですよね。2年生以上であれば，子ども達はすでに何年かいっしょに過ごしているわけですから，「こっちやで。」，「○○くん，行くで。」と声をかけるタイミングもばっちりでした。

　しかし，これは自然にこうなったわけではありません。前年度やそれ以前の担任の先生が，そうした力を子ども達にきちんと身につけてくださったから，学年が変わってもできているのです。

　というわけで，「**困ったら子どもに聞く**」ということを私は学びました。「これは，○○くんはできるかな？ どうかな？」と子どもに聞くと，考えてくれます。できるかどうかではありません。**どうすればできるのかを考えてくれます。**「この部分は難しいから，わたしが教える。」，「ぼくがいっしょにするわ。」と，言ってくれます。

　すばらしいですよね。クラス全体が成長するために必要なことを，あの子達は与えてくれていました。

次は音楽室だよ！一緒にいこ！

図工は僕と一緒にしようね！

②　特別支援教育の視点は，すべての子に当てはまる

わたしの勤務してきた学校では，特別支援学級の子ども達はすべてがこうではないですが，国語や算数は支援学級で学ぶことが多く，理科や社会，生活，総合，体育などは交流学級での学習となっていました。理科や社会はテストもあるので，しっかり理解できるよう資料や実験の方法を考えましたし，体育でできることは少ない場合があっても，満足のいくように個別の活動を考えたこともあります。

ただ，**こういった支援は，特別支援学級の子ども達のみを対象にするべきではない**のです。「どうすれば，次の授業が満足のいく時間になるかなあ。」という発想は，学力が低位にある子や，体育が苦手な子などにもあてはまることなのだと思います。そして，**特別支援学級の子ども達が楽しいことは，ほとんどの場合で，普通学級の子ども達も楽しんでくれていた**気がします。

特別支援教育における支援や配慮は，特別な視点を持たなければできないのではなく，クラスの子ども一人一人をつぶさに見て，その子が充実した学びや活動ができるように考えることから始まると思います。これは，**すべての子ども達につながります。**

私事ではありますが，我が子が特別支援学級に在籍していますので，毎日学校で楽しく過ごしてくれていることは本当に嬉しく思います。そして，運動会や音楽会でできることを頑張っていたり，周りの子が手を引いてくれたりする姿を見ると，**「受け入れてくれているんだなあ。」**と感じます。**特別支援学級の子ども達と保護者を温かく受け入れてくれる学校は，本当に素晴らしい**と思います。それは，間違いなく先生方の力によるものですから。

第1章
第2章
第3章
第4章
第5章
第6章

低学年・中学年・高学年

　小学校では6学年をこのように分類しますね。みなさんは，現在どの学年を担当されていますか？　低学年とひとくくりにいえども，1年生と2年生はまったくちがいます。また，どの学年もそれぞれおおまかな特徴があると言いつつも，学校やその時の子どもの様子によっても異なります。私は幸いにも，1年生から6年生まですべての学年を担任させていただいたので，たくさんのことを学ぶことができました。**みなさんもぜひ，6学年コンプリートしてみてくださいね。**

① 低学年は，世界の中心は自分！

　低学年は，他人や社会など，「世の中というもの」をしっかりと認識できていない時期だと言われています。たしかに，**他人の気持ちよりも自分の気持ちを優先**します。虫を捕まえるのは好きですが，そこにも自分と同じ命があるということは，よくわかっていないのです。

　私が子どものころは，1年生で社会科も理科も学習していました。お店屋さんの勉強をした記憶があります。今はそれが生活科として，カリキュラムに組み込まれていますね。活動からいろいろなことを学ぶのが低学年です。算数も国語もそうです。**「習うより慣れろ」**という言葉がぴったりな学年だと思います。

世界は僕が中心だ〜！

② 中学年は，アンテナぴん！でちょっと反抗したい

　3年生と4年生は，似ているものの大きく違うと私は思います。**3年生は，アンテナぴん！**です。簡単に言うと，「先生見て！」，「先生聞いて！」，「先生ほめて！」のために学校に来ているような生き物です。私は3年生の担任が一番楽しいです。ギャングエイジと言われますが，エネルギーを出しまくっていると思えば，授業も休み時間も，すべてを充実させることができます。

　対して4年生は，後半になると少し大人っぽくなります。そのころには，**「先生はそう言うけど，私はそうは思わない。」**なんていう思考を持つ子どもが出てきます。すごいですよね，大人への一歩です。それを，反抗と捉えてしまうと切ないですが，成長だと捉えてあげましょう。

③　高学年は，
　　　ひとりの大人として見る

　委員会や集会で中心として頑張る高学年。**学校を回しているのは，この子たち**です。最高学年ということで6年生にスポットを当てることが多いですが，5年生も十分学校のために頑張っています。6年生は「学校の顔」です。私はよく，**「6年生の学年の様子がそのままこの学校の様子になる。すべては君たちにかかっているよ。」**と話しました。

　そして，5年生には，「6年生は何をしても目立つ。リーダーだから。でも，**リーダーを支える存在がいないと世の中はうまくいかない。君たちが6年生を支えるんだ。**」と話しました。どちらも，子ども達への話の結びは決まっています。いつも，「頼むで，みんな。」でした。

5年生　　　　6年生

サポートです！　　最高学年です！

　保育園から大学までいろいろありますが，入学から卒業まで全員が6年間過ごすというのは小学校だけです。6歳の子が12歳になるのです。**すごいことですよね。人格形成にとって本当に大切な時間**を小学校で過ごします。6年生を担任するときは，「絶対に失敗できない！もし失敗したら，1年生の時の担任の先生に申し訳が立たない…」と，私はひとりで妙なプレッシャーにいつも怯えていました。何年生を担任しようと，その前や後にもその子たちの担任はいるのです。しっかりと引き継いで，そして，しっかりと受け渡していきたいですね。

○ 低学年は体験から学ぶ！
○ 中学年はなんでもやってみる！
○ 高学年は大人扱いする！

第1章
第2章
第3章
第4章
第5章
第6章

第1章
第2章
第3章
第4章
第5章
第6章

保・幼，中学校との連携

義務教育は9年間です。私の勤務する姫路市は，ずいぶん前から「**小中一貫教育**」というものに力を入れています。モデル校もいくつかあります。2000年代初めには，「**中1ギャップ**」ということが広く言われ，中学校生活にうまくなじめない子ども達へのサポートの必要性が叫ばれました。また，小学校入学に伴う「小1ギャップ」も同様です。そもそも，園児・幼児，児童，生徒と子ども達の呼び方もさることながら，それぞれにおける子ども達の生活は大きく異なります。ここでは，小学校から見た保・幼，中学校との連携について考えてみましょう。

① 保・幼とは，カリキュラムと子どもをつなげる

ここでは，保・幼との連携を二つの点からお話します。一つ目は，**カリキュラムの連携**です。こんな話を聞いたことがあります。「保育園の年長としてしっかりと育てられたのに，小学校に入学すると何もできない1年生扱いされてしまう…。」，「保育園での音楽会の方がレベルが高かった。」これは，保護者の意見です。様々な園から子ども達を受け入れるため，子ども達の能力や経験は十人十色です。それらを一つの集団として指導するわけですから，自然と低位の児童に合わせて丁寧にするのが1年生の担任です。その時，文部科学省が提唱している「**幼児期の終わりまでに育ってほしい10の姿**」を参考にしてみてはいかがしょう。いわゆる「非認知能力」と言われるもので，テストなどでは測ることができない力です。実は，保育園や幼稚園の間にかなりの力が育てられています。そして，それ

らはほとんどが体験によって育まれてきています。例えば，1年生の生活科でする「秋を見つけよう」という学習も，すでに幼稚園で体験済みの子どもがいることもあります。入学前の幼稚園や保育園の先生方との連絡会において，子ども達の様子だけでなくどのような経験を積んできたのかも聞いておくと，小学校生活へスムースにつなげることができます。

二つ目は，**子ども達の連携**です。私が5年生を担任した時に，隣にあった当時の幼稚園の園長先生と連携して，「**休み時間に園庭で5年生児童と年長の交流会**」，「**卒園式の練習に5年生児童代表が参加**」を実施したことがあります。お気づきの通り，次年度に6年生と1年生としてペアになる学年ですから，先に交流させてしまうことで，「早く小学校にいきたいなあ！」と園児に思わせることがねらいでした。以前から，運動会や音楽会では校区にある保育園や幼稚園と交流していましたから，それを発展させたい

なあと思っていました。卒園式の練習で5年生代表から，「みなさん，小学校で待っています！」と言葉をかけた時，園児たちはピシッとして憧れの眼差しで見ていました。

② 「行く」か「持ってくる」，「見通しをもつ」のが大事！

中学校との連携ですが，可能ならば体験することが最も効果的です。よく聞くのは，**「入学説明会における授業や部活の体験や見学」**です。実際に見たり体験することに勝るものはありません。つまり，「中学校に子ども達が行く」パターンです。

しかし，困難な場合は，**「中学校を小学校に持ってくる」**パターンで考えましょう。まずは，**「中学校の先生による出前授業」**です。英語や体育，美術などの授業は，中学校の先生にとっても小学生を相手にしやすいのではないかなあと思います。難しければ，**授業の様子や部活動の様子をビデオに撮影**してもらい，子ども達に見せるのもありでしょう。

私は**6年生の3学期になると中学校の教科書を教室に置いていました。**子ども達はパラパラとめくっては，「めっちゃ難しい！」と不安がったり，「あ，これわかる！」と喜んだりしていました。**「見通しをもつ」ことはとても大事なこと**です。これは教師にも言えます。社会科で歴史を教える場合，ついつい歴史の豆知識を語ってしまう私でしたが，先に中学校の教科書を自分が見ておくと，「信長は他にもたくさんのことをしているんだ。続きは中学校で詳しく勉強してね。」と先を見通した授業をすることができました。数学の教科書もおすすめです。算数がどのように数学につながるのかが見えますからね。

みなさんは，自分が勤務している地域の保育園や幼稚園，中学校の先生方を，何人ぐらいご存知ですか？ 私は以前に社会科の「小中一貫カリキュラム」の作成に関わったことがあります。2年間にわたる作業でしたが，その間中学校の先生方とたくさん話をしました。中学校の研究授業を参観させていただいたことも何度もあります。また，生活指導担当をしていると，中学校の担当ともよく連絡を取ることがありました。外国語専科をしている時は，12月になるとトナカイの着ぐるみを着て，幼稚園や保育園に出前授業に行っていました。どれもこれも，非常に有意義なことだったと今でも思います。**子ども達をつなげていくには，まずは自分がつながることが大切**だと思います。ぜひぜひ，異校種の先生方といっしょに忘年会をしてみてください。めっちゃ楽しいですよ（笑）。

第1章
第2章
第3章
第4章
第5章
第6章

0学期

これは，私の同僚から教えてもらったことですが，**「3学期は，次の学年の0学期（ゼロ学期）」**だそうです。なるほどなあ〜と思いました。誕生日になると人はひとつ歳を取るわけですが，それで劇的に成長するかというとそうではありません。子ども達もそうです。2年生だった子どもが4月に学年が上がったからといって，いきなり3年生になれるわけではありません。1年間いろいろと頑張っていく中で，立派な3年生になっていくのです。そのための0学期，どのような気持ちで臨めばいいのでしょう。

①　まとめの学期，まとめとは「あたりまえになること」

よく3学期はまとめの学期と言いますね。ちなみに，子ども達がどのような状態になると，「その学年としてまとまった」と言えるのでしょう？ 私は，**「2学期までに学んだことが，当たり前にできるようになる」**ことだと思います。別の言い方をすれば「確実に身につける」ということでしょうか。

友達関係でもそうです。**やさしさについて学んだのなら，そのやさしさを自然に出せるようになること**です。子ども達に，「4月と比べて，自分の成長したところを言ってごらん。」と尋ねてみましょう。自己評価も効果的です。

頼もしいねぇ

今ならなんでもできちゃう！

②　規準を次の学年に合わせて考える

例えば，私の学校ではペア学年と言うのがありまして，1年と6年，2年と4年，3年と5年がペアでした。このペアで遠足に行ったり，集会でいっしょに活動したりします。

ここでは，休み時間に遊びについてトラブルになった3年生を例に挙げます。「遊びのことでもめることはよくある。今は構わない。**でも，4月からは，君たちは4年生になる。4年生は，2年生とペアを組む。**遊びのことでもめているようでは，2年生の面倒を見ることなんてとてもじゃないけどできないよ。」と話すと，さっきまで自分の言い分ばかり主張していた子どもが「もういいや。」という表情になります。納得しているわけではないのです。ただ，くだらないことだなあと悟ったのです。**今の自分の状況を，次の学年を規準として考える**のです。

③ 未来に向かって，夢を持たせる！

　3学期は，子ども達と息も合ってきてとても過ごしやすくなります。**お互いに意図がくみ取りやすくなっているので，毎日楽しく過ごせる**ようになります。そのためか，「このままずっと担任したいなあ。」と思うこともしばしばあります。私はそうでした。簡単に言うと，愛着がわくのでしょうね。しかし，そこをぐっとこらえて，「次の5年生は，楽しいぞ〜。自然学校もあるし，委員会も始まる。新しい友達，新しい先生と，みんなはさらに成長するんやろなあ〜。その姿を見たいなあ。」と話しました。

　中には，「来年も小川先生がいい！」と言ってくれる子どももいますが，「ありがとう。先生もそれは嬉しいけれど，**この素晴らしいクラスのみんなが分かれて，それぞれの次のクラスを良くしていくのを，次の先生たちに見てもらいたいなあ。**君たちが次の先生に信頼されて楽しく過ごしてくれるのが，先生は一番嬉しい。」と返しました。もちろん，6年生の別れはまたちがうものですよ。卒業式は，もう号泣です。

　大切なのは，「4学期なんてない」ということです。あくまでも3学期で完結するのです。子ども達は3学期という終わりしか見ていませんが，0学期とすることで未来を見るようになります。**未来を見ることは，とても大切な力**だと思います。そして，その未来に夢見ることができれば，人生がとても素敵なものになります。ぜひ，0学期を有意義に過ごしていきたいですね。

小川式4コマ　未来につなぐ0学期 の巻

第2章
第3章
第4章
第5章
第6章

第3章

生活指導

児童間トラブルの対応

ルールや校則

校外，家庭での問題行動

不登校

ネットトラブル

保護者対応

いじめ

第1章
第2章
第3章
第4章
第5章
第6章

第3章 生活指導

　生活指導，生徒指導ともいいますね。最近は，大学の教職の講義でも生活指導のことが扱われるので，学校教育の中で重要な要素を占めているのは周知の通りです。児童間トラブル，いじめ，不登校，ネットトラブル，他校とのトラブル，そして保護者対応などなど…。数え切れないほどの対応に迫られていることでしょう。

　私は，これまでいくつかの小学校で勤めてきて，それぞれで生活指導担当をさせていただきました。いろいろな研修会にも参加しましたし，書籍も片っ端から読み漁りました。そうやって**多くのことを学ぶことができましたが，それでもやはり，一番多くのことを学んだのは教室を含む現場でした。**授業もそうでしたが，生活指導には本当に頭を悩ませました。失敗したことと成功したことを比べたら，失敗したことの方が圧倒的に多くあります。やんちゃでまったく言うことを聞かなかった子が聞くようになったこと，1年間あれやこれやと頑張ったけれどそれでも心が通じ合わなかった子どもがいたこと，少し思い出しただけでもいろいろとあります。

　生活指導がすべてではないですが，**担任であれば教科教育と学級経営が最も重要であり，生活指導はその両方に関わってきます。**また，生活指導担当になれば学校全体の課題に対して，臨機応変に力を発揮しなければなりません。それ以外にも，校外の関係機関とも連携をとる必要も出てきます。学校の中で大切なピースのひとつである，生活指導。

　ここでは，「これが正解！」ということは申し上げにくいのですが，私の経験から学んだことをお伝えできればと思います。

とっても大事なお仕事ですが，無理をしてはいけませんよ～

児童間トラブルの対応

けんかや言い合い，手を出したり出さなかったり，様々なパターンがある「児童間トラブル」。大小違いはありますが，おそらく毎日何かが起こっていると言っても過言ではありません。子どもですからね，こちらが想像もつかない理由でトラブルが発生することもしばしばあります。みなさんが悩むのは，**「なぜトラブルが起こるのか？」**というよりも，**「解決に時間をかけたくない！」**ということではありませんか。休み時間に起こったトラブルが授業時間にまでずれ込むことも，少なくないはずです。大事件は無理ですが，簡単なトラブルであれば短時間に解決できる方法をいくつかご紹介しましょう。

① 「よし，解決するまで話し合っておいで。ただし…」

私の経験から，ある結論に達しました。**「見てないトラブルは，先生の力で解決できない…」**ということです。子ども同士のトラブルで，双方の言い分がちがうということがよくある，いや，ほとんどがそうでした。例えばですね，「叩かれた」と言うA児に対して，「叩いてない」と言うB児。私は，これを20分ぐらいかけて聞いていき，最終的に「B児とC児がふざけていて，C児に押された時にB児の手がA児に当たった」という事実に行きつきました。

もはや，名探偵並みの事件解決能力です。そこで次のトラブルからは，「よし，2人で解決するまで話し合っておいで。」と廊下の見えるところで話し合わせました。案の定お互い一歩も譲らず，話は平行線です。そこで私は，「よし，授業も大事やから，あと1分で解決しなかったら，放課後に続きをしよう。」というと，その後10秒で「先生，解決した。」と帰ってきました。もちろん，その後の休み時間に内容は確認しました。どうやら，子ども達にとって，「放課後に残ってまで話し合う」ほどのトラブルではなかったということでした。**子どもなりに，「妥協した」もしくは，「折り合いをつけた」**ということなのでしょう。

② 「気持ちはわかるけど」と 「その時はわからんかった やろうけど，今はどう？」

ここでは，なかなか自分の非を認めようとしない子についての指導？支援？についてお話します。非を認めないのは，意地であったり，プライドであったりすることが多いのですが，それもひっくるめて，まずはその子のしたことを受け止めてあげましょう。**肯定するわけではなく，「気持ちはわかるけど」と認めてあげる**のです。「イライラしても，叩くのはあかん！」ときつく指導することも必要ですが，「イライラして叩いたんか。う～ん，その気持ちはわかるけどなあ。でも叩くのはなあ。」という受け取り方をしてみると子どもの方から，「たしかに，叩くのはあかんかった…。」と認めることがよくありました。

大切なのは，「**罪を憎んで人を憎まず**」です。もし友達を叩いてしまったのなら，その行為は認められませんが，そこに至った怒りとか悔しさとかは，分かってあげてもいいのかなあと思います。そして，**「謝れないのなら謝らせてあげる」ことも先生の仕事**です。子どもの中には意地になってしまい，謝ることができない子もいますよね。そんなときは，こんな助け舟を出されている先輩の先生がいました。「本当は悪いと思ってたんやろ？実は謝ろうかなあと思っていたけど，素直になれなくて謝れなかったんとちがうのかな。どう？今は落ち着いて冷静だから謝れると思うよ。」と，導いてあげるとほとんどの子は，「謝る」と言うことができました。すばらしい誘導ですよね。

ここで扱ったのは，簡単に言えば，「謝って済むトラブル」です。しっかりと事実確認をして，双方の思いを存分に出させ，そして解決するのが理想です。しかし，「せんせ～」と言ってくる子どもの中には，「どうした？（また，君か…）」ということもあると思います。そういった子ども達は，**「他人との関わりに対して，軽く流すということがなかなかできない」**のでしょう。ですから，折り合いをつけるとか，納得するとか，そういった社会で生きていく力を育んでいくことも大切です。人生，トラブルは常に起こり得ます。**起こらないようにスキルを身につけることも大事ですが，起こった後にそれを解決するスキルを身につけることは，より大事**かもしれませんね。

○ 妥協することを学ばせる！
○ 身勝手な言い分には，「気持ちはわかる！でもな…」で
　一旦認めてやる！

ルールや校則

子ども達から必ず出てくる質問に**「どうして学校でシャープペンシルを使ったらだめなの？」**というのがあります。みなさんならどのように答えますか？「ルールだからだめ。」,「規則だから。」,「みんな守っているから。」という答えでは子ども達は当然納得しないどころか,**「この先生にはこういったことを言ってもだめだな。」という不信感に近い感情をもたせてしまう**ことになりかねません。そもそもなぜ学校の中でルールというものを守らなくてはならないのでしょうか。私見ではありますが,**「将来社会に出た時のために,自分が迷いなく生きていける力を身につけるため。」**というのが大まかな回答ではないかと思います。では少しこのことについて考えてみましょう。

① ルールがある理由その1
自分がまっすぐに成長するため

すべてのルールには理由があるということを,子ども達には伝えなくてはいけません。「廊下を走ってはいけない。」これは,自分がけがをしないためと,友達にけがをさせないためが理由になります。廊下を走ってはいけないという前提があるから,みんなが安心して廊下を歩くことができるのです。子ども達にとってもわかりやすいルールとその理由です。

では,「シャープペンシル」はどうでしょうか？ 私は,**「小学生の間は,筆順や字形を正しく覚えてそれを使いこなす練習をする時期なので,しっかりと書ける鉛筆が好ましい。」**と子ども達に伝えていました。同じく,「鉛筆で太くしっかりと書いてある字の方が,友達にも読みやすい。」ということも伝えました。中学生にもなれば,自分のノートの字と提出するレポートの字を使い分けること

ぐらいできますが,小学生はそううまくできません。

大人になってからも必要な「知識」や「技能」を身につけるためにも,ルールは必要なのです。

きみは,どうしてだと思う？

どうしてなの？

② ルールがある理由その2
「自由」ということについて考えるため

少し大げさなことを言いましたが,ここでは**「制服」**を例にとって考えてみましょう。小学校でも制服や標準服というものがありますが,中学校や高校ではほとんどの学校で規定の制服の着用が義務付けられています。私が中学生の頃は男子は丸刈りでした。それは現在はほとん

どないと思いますが，頭髪についても何かしらの規定は今でも各校にあると思います。どこかで，「思春期の子どもたちはさまざまな誘惑に流されやすい。だからしっかりとルールを作って道から外れないようにしてあげる必要がある。」という話を聞いたことがあります。その時はなるほどなあと納得しましたが，果たしてそれだけなのかなあと今は思っています。

みなさんにお尋ねしますが，「幼稚園でのタブレット学習」，「小学校で因数分解を学習」ということについてどう思われますか？ 賛否が分かれるところですが，否定的な意見としては**「発達の段階から考えてまだ早い。」**ということが挙げられることでしょう。どちらも効果的な学習ツールで有益であることは否めませんし，時間をかけて丁寧に指導すれば身につけることができるとしても，果たしてその時期にそれは必要と言えるのか？ ということなのです。

社会人ともなれば，TPOに応じた服装や身だしなみができることは大切な力と言えます。そしてそれは，「自分を表現するアイテム」であると同時に，「相手に自分を印象づける」や「その場の環境や雰囲気づくりに影響を与える」（冠婚葬祭がこれに当たります）ということが言えます。そこには，「個人の自由」という価値観とのせめぎ合いが発生します。**果たして中学生以下がそういったことを正しく「思考し，判断し，表現する」ことが可能でしょうか？** 個人差がありますから一概にできないとは言いませんが，あくまでもまだ成長過程にあるとはいえると思います。

それでも，今後は制服については議論が進められていくことでしょう。もしかしたら，将来的には制服というものがなくなるかもしれません。時代によってルールは変わりゆくものなのです。

「ルールを守らせること」よりも「ルールとともに生きること」の方が大切です。私は高学年になると，「校外学習ではシャープペンシルを使ってもよい」と学年全体で決めたことがあります。子どもは子ども心にシャープペンシルを使いたいのです。だったら**例外や特別ルールが世の中にはあるということを学ばせるいい機会**と言えます。中には，「新聞係が記事を書くのに，小さい字を書きたいからシャープペンシルを使ってもいいですか？」という子がいました。クラスで話し合って許可しました。この子は係の仕事以外では絶対にシャープペンシルを使いませんでした。これは大切な「生きる力」ですよね。ルールの大切さを知った上で世の中のあり方を自分事として考え，場合によってはそれを自分が変えていくことができる。**ルールや校則は，子どもにとって民主主義を学ぶチャンス**かもしれませんね。

ルールについてみんなで考えてみよう！

ルールや校則

第1章
第2章
第3章
第4章
第5章
第6章

校外，家庭での問題行動

　子どもが校外や家庭で起こす問題行動で，どのようなものと対面したことがありますか？　例に挙げるとすると，公園などの公共施設の使い方による苦情，店舗から万引きの連絡，家から金品を持ち出す，他校の子どもともトラブルを起こす，夜になっても帰ってこないなどなど，前述の**「謝って済む」では片付かないレベルの問題行動**が多いのが特徴です。ここに，スマホやゲームなど，SNSにまつわる問題行動も最近は急増しています。これについては後ほど別の項でお話します。学校外での生活指導は，厳密に言うと我々の職務とは言えないのですが，**家庭環境は学校での生活に直結している**ので，全く何も関わらないのもどうかなあと思いますよね。私たちにできることは少ないですが，ちょっと考えてみましょう。

①　校外でのトラブルは，深入りせずに簡潔に！あとは家庭にまかせる

　放課後，「公園で子どもがケンカをしている！」という電話がよくかかってきました。複数の職員で駆け付けると，すでに収束している…，というのがお決まりのパターンでした。しかし，何もしないわけにはいきません。事実，電話をしてきた方がその公園にいてこちらがどうするか見ているわけですからね。子どもから話を聞きますが，詳細までは聞きません。

　私はいつも，「まあ，遊んでいたらいろいろあるやろうけど，学校に連絡されるような遊び方はやめような。」と話していました。全部で5分ぐらいです。ここで大切なのは，「**子どもには子どもの世界があって，そこで学ぶことも多い**」ということです。私も子どものときに公園で友達とケンカをしたことはありますが，そこに先生が駆け付けて来たことは一度もありませんでした。そして，そのまま家に帰り，けんかについてのモヤモヤをずーっと引きずってました。まあ，いつの間にか仲直りしていましたが，これも**必要な経験**だったと思います。**大人が介入しない方がいい場合も**あります。

こうやって大人になっていくんよなぁ〜

②　家庭でのトラブルは，親の前で本気で叱る

「先生，うちの子が家のお金を持ち出して…」，「万引きをしていたみたいです…」とても悲しいことですが，先生をしていると一度は出遭うことがある事例ではないでしょうか。してしまった理由はいろいろあると思いますが，友達に強要されて…という理由でない限りはその子の**家庭内での問題**になります。

ひとつ言えることは，このようなことが起こった場合，**必ず学校に連絡があるとは限らない**ということです。多くは，保護者が子どもと話し合ったり，叱ったりして家庭内で解決します。しかし，**学校に連絡してくるということから，「先生，**どうしたらいいの？」という心の声を聞きとらないといけません。私はいつも，「なぜしてしまったのか。」と尋ねて理由を聞きます。理由にはあまり頓着しません。そして，**親の前で**「○○！ 君がこんなことをするために，家の人は毎日仕事に行って働いたり，家のことをしているんと違うぞ！ 君にまっすぐに育ってほしいからや！ こんなことして，親を裏切ってどないするんや！」と烈火の如く叱ります。**親は隣で泣いてます。その姿を子どもに見せたいのです。**で，子どもを部屋にもどした後，「すいません…言いすぎました…」と謝ります。

今の時代，ここまでするのはやりすぎかもしれません。もっといい対応の仕方はきっとあります。先生の役割が多岐にわたっているのは，**家庭でするべき教育が，学校に任されてきている**こととつながっているのも事実です。なんでもかんでも学校が背負わされるのは，それは正しくありません。しかし，背負ってもいいと思えるぐらいの，「心の余裕」は持ちたいなあと思います。多忙な日々を過ごしているから難しいですけどね。

○校外でのトラブルは，簡潔に！
　可能なら家庭に任せる！
○親の前で子どもを指導する勇気をもつ！

不登校

近年，日本中で増加傾向にある不登校。原因やきっかけは子ども一人一人によって違うので，特効薬のようなものはありません。スクールカウンセラーや教育委員会の関係機関と連携を取り合って，**一人一人の子どもと保護者と向き合っていく。**これが現在考えられる最適な手立てではないかなあと思います。では，私たち先生には何もできないのでしょうか。

① 子どものタイプに応じて，多様な対応をとる

若い時は，「学校に行きたくない。」という子どもがいると，家まで迎えに行って部屋に入って布団をはぎ取って，自転車の後ろに乗せて連れてきたこともよくありました。朝ごはんを食べてないので，職員室で朝食代わりのおにぎりを食べさせたこともありました。今では到底できませんが，まあ，この子たちは「行くのがめんどくさい。」とか「宿題をしてないから行きたくない。」という理由でしたから，こういった強硬手段で突破することができました。

しかし，**「学校に行きたいと思うけど，体が動かない。」，「体操服に着替えたけど，玄関から動けない。」**という子ども達には，**力づくで向き合っても逆効果**でしかありません。その理由が友達関係や勉強などの時は，別室登校や放課後登校など多様な対応をとりましょう。心配なのは，**「別室登校を進めると，そこからずるずるといってしまわないか…」**ということです。もちろんその可能性も否定できま

せん。しかし，現時点で行き渋っていて何もしなければ学校に来ない子どもが，**別室登校で来られるようになるのであれば，それはその子にとって前進**です。あとのことは，その時に考えたらいいのです。

また，学校には来られないのですが，放課後は公園で友達と遊んでいる子どもがいたり，中には子ども会の行事はちゃんと参加できる子どももいました。でも，学校には来ることができないのです。みなさんならどうされますか？ 私は，公園に行ってその子どもといっしょに遊びました。「学校に来いよ～。」と言いたい気持ちをぐっとこらえて，「元気そうやなあ，よかった。また遊ぼうな。」と言って帰りました。この対応がよいかどうかは人それぞれ違うと思いますが，**その子どもが友達と遊ぶことで外の世界とつながっている**のは，引きこもりになってしまうよりかは，随分とましだなあと思いました。

不登校の理由なんて，本人もハッキリわからないことが多いのです。

② 学校が一番ではないという価値観を持つ

いろいろな手立てを講じても，全く登校できるようにならない子どももいます。兄弟姉妹で同様な状況の家庭もありました。場合によっては，**自分が担任になる数年前から不登校で，すでに手の打ちようがない時も**あります。もちろん関係機関や専門家に相談することも必要ですが，**「学校に来られるようになる」という目的を持つことを，一旦やめる**こともいいと思います。

私は，それまで何年も不登校であり続けている子どもを担任した時に，親子の前で「学校には無理に来なくていいよ。その代わり，だらだらせずに家のことをしたり，外に出て運動もしたり，気が向いたら勉強もしてみようね。」と伝えました。そして，「毎週木曜の5時に顔を見に家に来るね。用事があって来られない時は連絡するから。」そして1年間それを続けました。半年ぐらいたった時に母親から**「最初に，学校に来なくていいと言ってもらって，すごく楽になりました。」**と言われたことを，鮮明に覚えています。

「学校に行かない」ということを，やはり**本人を含め保護者もつらい現実として受け止めていた**ということを，私は初めて学びました。

最近では，フリースクールも増えてきていたり，オンラインでの授業参加も可能となったりと学校に行きにくい子ども達にとっての選択肢が増えているようです。発明王エジソンの話ではないですが，学校で学ばなくても立派に生きていくことができればいいのです。もちろん，エジソンはきちんと家庭で教育を受けていましたし，それでもやはり，学校でしか学べないことはたくさんあります。

大切なことは，それを学校で学ばせようと執着するのではなく，学校以外の場所で学ぶことができるように本人や保護者といっしょに考えることだと思います。しかしながら，社会を学ぶのですからそれは大変な努力を伴います。**学校という場所は，社会を学ぶのに一番お手軽な場所だということ**も事実なのです。

○ 別室登校や放課後登校は，
　大きな前進と受け止める！
○ 学校教育が全てではない！

ネットトラブル

　世の中がこれほどまでに変化したことに，情報化社会の急激な発展が関与していることは周知の通りです。買い物も，旅行も，お墓参りも，インターネットを使えば簡単に手配したり，すましたりすることができる時代です。学校でも，スマートフォンや携帯ゲーム機など，様々な機器によってソーシャルネットワークでつながっている子ども達が多いのではないのでしょうか。**世の中が便利で快適になるのは喜ばしいことなのですが，学校にとっては，その展開のスピードについていくのもやっとのこと**だと思います。社会で問題となった事柄に対して，指導の手立てを考えて取り組み始めると，もうすでに違う問題が社会で発生している。そんな時代です。家庭での取り組みが大きな要素となるネットの使い方ですが，学校教育で担う部分も少なからずあるのも事実です。いったい学校では何ができるのでしょうか。

① 常に最新を求めて，外部機関を有効に使う

　学校の先生は，本当に器用です。個人個人としてもそうですが，組織として見ても様々な人材がいます。おそらく，校内で力を合わせれば子ども達へのネットモラルへの指導は，可能だと思います。私も，プレゼンテーションを作って，子ども達に指導したこともあります。しかし，それは果たして十分なものであったかと聞かれれば，不十分であったと言わざるを得ません。**専門知識がない上に，今現在の社会におけるネットモラルに関する課題も，最新のものを扱っているかは疑問**でした。

　そこで，ある年に外部機関を招聘して子ども達に指導を行いました。携帯電話会社が実施している安全教室や，大学が民間企業と提携して進めている出前講座など，**「やはりプロだなあ」**という内容で，子ども達も真剣に学んでいました。「餅は餅屋」ということわざ通り，専門家はさすがです。

② 啓発は，子どもと保護者同時に実施する

以前ネット環境について，子どもと保護者両方に，アンケートを実施したところ，興味深い回答がありました。「家では，携帯電話やゲームなどについて，ルールがある」という質問に「はい」と答えたのは，**「保護者は全体の80％に対して，子どもは30％」**でした。これは，**親が思っているほど，子どもにはルールは存在していない**ということの表れでした。

いわゆる「スマホ世代」と呼ばれる子ども達は，親世代よりもインターネットについて詳しく，機器やアプリなどの扱いもすぐに覚えてしまいます。「まだまだ子どもだから」という意識を保護者から払しょくするためにも，前述のネットトラブルへの安全教室に，**子どもととともに保護者も参加させること**が重要です。オープンスクールやPTA行事などと組み合わせて，保護者への啓発も図りましょう。

家でのスマホにルールがある 80％ 30％

この違いはいかがなものか…

子ども達へのネットトラブルに対する指導は，何年生から必要なのかということについて，様々な意見がありますが，私は，**小さければ小さい方がいい**と思います。もちろん，内容は発達の段階に沿ったものにする必要があります。しかしながら，最も大切なことは，**しっかりとした道徳的価値観を身につけさせること**です。悪口を書くのはネット上だからいけないというわけではなく，それが紙に書いても，ひそひそ話でもいけないということを，まずはしっかりと学ばせることです。

子ども達は，いつかは携帯電話などの通信機器を持ちます。その時に，正しく便利な道具として使えるようにする。**ルールを守るとか，見えない相手のことを思いやるとか，**そういったことをきちんと身につけておくことで，自分の身に降りかかるネットトラブルに対して，毅然と対応できる人間になっていくことでしょう。

○講座を開くなら外部講師で！
○大事なのは道徳！ネットじゃなくてもだめなものはだめ！
○親子ダブルで啓発する！

保護者対応

　前述の内容でも，しばしば家庭や保護者のことが登場しました。それほど，**生活指導においては保護者との関わりが不可欠**であることだと思います。私は初任が田舎の学校だったので，そこでは，ありとあらゆる保護者や地域の方からかわいがってもらいました。今思えば，本当に拙い指導に対して，見守ってくださったように感じます。それほど，職員が，学校が地域から愛されていました。なかなか稀有な学校だったかもしれませんが，現在でも，そのような学校は多いと思います。

　しかしながら，中には，教職員に対してあまり敬意を払ってくださらない保護者の方もいらっしゃるのも事実です。**「学校というのは子どもを育てて当たり前，先生はプロだからできて当たり前」**といっ考えの方に私は出会ったこともあります。悪い方々ではないのですが，一度こじれてしまうと修正にはかなりの労力を使いました。それでも，そういった方々との出会いが，私を成長させてくれたことも事実です。普段子どもの相手をしている我々は，保護者との話は本当に苦手です。

①　初期対応で，ほとんどが解決できることも。「15分間」と「複数対応」をポイントに

　もしも保護者から放課後に電話がかかってきて，その内容が苦情であったり，子どものトラブルであったりするなら，まずは聞きます。そして，**15分間をすぎるようであれば，「お話の途中ですが，今はご自宅ですか？　もう少し詳しく聞きたいので，今から伺ってもよろしいですか？」**とすすめます。場合によっては，その後少しの電話で終了することもあります。

　私の場合は，ほとんどがその後，家庭訪問につながりました。こうすることで**話の主導権が，「保護者が学校へ電話した」から「先生が家に来てくれた」に移**ります。これが味噌です。保護者にとって，予想外の対応だからです。

　そして，もう一つ予想外を起こします。**家庭訪問には複数で，可能なら学年主任や生活指導担当と一緒に行きます。生活指導は複数での対応が基本**ですが，こうすることで「担任だけでなく学校全体で動いてくれた」という印象を保護者に与えることができます。それに，複数の方が冷静に話を聞くことができます。

②　「私の責任です。」
　　非があれば，謝ることが大切

学校現場では，「責任問題に発展するから，容易に謝ってはいけない。」ということを言う方もいらっしゃいます。正論ではありますが，私は保護者から同僚の先生のことを，**「あの先生は絶対謝らへん。」** というのを聞いたことがあります。その先生は決して悪い先生ではなかったのですが，「ああ，そういう風に捉えられるんだなあ。」と思いました。私は逆に「よく謝る先生だ。」と言われました。「すいません。僕の力不足です。」が，私の口癖でした。私は謝ることに何のためらいもありません。私事ですが，実家が商売をしていまして，母親がいろいろなところで頭を下げていたのを見て育ちました。母親曰く，**「頭下げるんはただや。それに，頭を下げる者に**

は，**人はきつく当たらへん。」** だそうです。

かと言って，何でもかんでも頭を下げるのは，間違いです。**こちらに非がない場合は，決して謝ってはいけません。** 例えば，「先生のせいで，子どもは学校に行きたくないって言ってる。どうしてくれるんだ。」と詰め寄られたことがあります。その時私は，「私にはそのような意図は，全くありませんでした。ですから，そのことについては何も申し上げられません。しかしながら，**全体的に見てこのような状況になってしまったことは，私の指導力不足にある** と思います。その点については，申し訳ありません。」と，大局的に謝罪することまでは，話し合いをうまく進めるためには，100歩譲ってしてもいいのではないかと思います。

私はそのような態度を決してとっていません。
しかし〇〇さんがそのように感じたのは，
とても残念です。

イライラ　イライラ

③ できないことは，「できない」ではなく，「その子のためにしない」とはっきりと言う。

生活指導担当をしていると同僚から，「保護者が，〇〇くんと関わらせないようにしてくれって，言ってくるんです。どうしましょう。」というような相談を受けることがしばしばありました。同じクラスで起こった児童間トラブルがこじれてしまい，**保護者が無理難題を要求してくること**も昨今では珍しくないかもしれません。当然ですが，受け入れることはできません。かと言って，「できません。」と言ったところで，保護者が納得してくれることも望めない。では，どうすればいいのか。

私はいつも，**できない2つの理由**をできるだけ丁寧に説明しました。1つ目は，**「学校は公教育である**以上，特定の子どもを関わり合わないようにすることはできない。」ということです。もちろん，保護者は納得しません。むしろ，事務的な答えに対して冷ややかな眼差しになるぐらいです。

そして2つ目の理由は，「先ほどの理由よりも大きな理由として，◇◇くんにとって〇〇くんと関わり合わないことがプラスだとは思えません。たしかにトラブルはありますが，2人で楽しそうに遊んでいる時もあります。また，◇◇くんは，困っている友達がいると…」とその子の具体的なエピソードを交えながら，**友達関係を限定することがその子のため**にならないことを伝えます。大切なのは，保護者の要求に対して，「できない」理由を並べるよりも「あえてやらない」という意思表示をすることです。

④ 保護者の「言っていること」ではなく，「伝えたいこと」を聞く

保護者の言っていることは，場合によっては，学校に対する苦情であったり，教師に対する批判的な内容であったりするでしょう。私はそれに何度も打ちのめされてきたのですが…。しかし，**表面的な内容ばかりに目がいってはいけません。**例えば，前述の「〇〇くんと関わらせないように」という要求です。大切なのは，この要求の背景にある**「保護者の思い」**です。

以前，生活指導の研修会で，某百貨店のお客様相談センターの方の話を聞きました。少し長くなりますが，その中には，「購入した服の仕立日数を伝え間違えて，指定の日に間に合わないというこちらのミスに対して，どうしてくれるんだというお客様の苦情に出遭ったとき，みなさんならどう対応しますか？」という質問がありました。

私なら，ひたすらに謝罪するか，代わりの服を用意するか，と考えました。しかし，その方の話は，そのような対応策ではなかったのです。その百貨店の相談センターの方は，**「この服は，何か特別なご予定のために，ご用意されたのでは**

ないでしょうかと尋ねられたそうです。するとお客様は，10年ぶりに同窓会があること，そして，学友や恩師の方との思い出を嬉しそうに話し，最後には，「仕方ないから家にある服を着て行くわ。その服は次の同窓会の楽しみにしておきます。」とご理解いただけたそうです。

このように，お客様の「物理的な不満」というクレームの向こう側にある，「精神的な不満」を引き出したことで，問題が解決し，それどころか前よりも深い信頼関係を築くことができたそうです。なるほどなあと思いました。

話を戻しますが，「〇〇くんと…」と要求した保護者は，なぜそう思ったのでしょうか。家で自分の子どもが学校のことを悲しそうに話す姿を見て，思わず学校に電話を入れたのなら，**その時の保護者の思いに寄り添うことが何よりも大切なこと**なのかもしれません。

保護者対応に，万能マニュアルはありません。こう来たらこう対応するといったようなものもなく，正解があるようでないものです。しかし，どの保護者にも言えることは，**自分の子どもが笑って学校に通ってほしいと心から願っている**のです。そこは我々と全く同じなのですよね。

そして，みなさんの同僚の中に「保護者対応の達人」のような方はいらっしゃいませんか？　私は何人ものそういう先生方を見てきました。本当に上手なんですよね。怒り心頭で学校に乗り込んできた保護者に対して，話を聞いていくうちに落ち着かせていって，その保護者が帰るころには「まあ，先生これからもよろしくお願いしますわ。」と終結させていく。その先生方に共通することのひとつに，保護者と対等の立場で話をしていたという印象が強く残っています。簡単に言うと，保護者に対して「〇〇さん，それはちょっとちがいますよ。」と言える先生です。かっこいいですよね。こうなりたいなあと憧れたものです。

○電話は15分間，それ以上は家庭訪問に切り替える！
○何でもかんでも謝罪しない！でも，誠意は伝えるべし！
○無理難題は，「できない」ではなく，「あえてやらない」を主張する！
○保護者の心の声を引き出そう！

いじめ

現在，大きな社会問題にもなっているいじめ問題。問題行動のひとつと片付けてしまうには，少し大きすぎるものです。なぜなら，**いじめは命に関わる**からです。最近は，警察にいじめの相談ホットラインができている自治体もあります。それほどに，現代社会において非常に大きな問題として取り上げられています。**学校だけでなく，職場，地域など，いじめはどこにでもある**と言われています。我々が，一番敏感に反応しなくてはならない問題のひとつが，このいじめなのです。

① いじめを防ぐには，中間層にいる子ども達を大切にすること

私の経験上の話ですが，いじめが起こった時と起きにくかった時の違いを，学級経営から見返してみると，**中間層の子ども達をどう扱ったかによる**ものが大きかった気がします。学級の中は，大きく分けて，「できる集団」，「手がかかる集団」，「中間の集団」の３つに分けられます。担任であれば，学級の中で手がかかる集団にばかりついつい時間をかけてしまいます。逆に，できる集団には信頼を寄せたり，評価したりすることもよくあります。では，中間の集団はいかがでしょう。実は，**この集団がもっとも大切**だと私は思っています。

その理由は，第一に人数が一番多いことから，**集団として学級の雰囲気づくりに直結しているということ**です。そして第二に，**上下の集団に影響を与えることができること**です。中間層が頑張っている姿は，できる集団に対しては「負ける

ものか」と思わせることができ，手がかかる集団には「こうなりたい」と思わせることができます。そして何より，いつもは集団に埋もれてしまっている子ども達が「おれたちも主役になれる！」と思って頑張ってくれることです。**中間層の子ども達が生き生きしているクラスは，いじめが起きにくかった**ように記憶しています。

さらにいえば，この中間層の子ども達は意外とクラスの様子や状況をよく見ています。なぜなら，先生がほめたり，しかったりする対象は，ほとんどの場合で自分たち中間層ではなく他の集団であることが多いからです。ですから，ちょっと引いた立場でクラスの様子を見ていることがあります。次の項でお話する，いじめにつながるような問題行動を発見してくれるのもこの中間層の子ども達が多いのです。客観的にクラスを見ているからこそ気づくことがあるのだと思います。

② 早期発見に全力を注ぐ いじめは，発覚した時点で ほとんど解決している

いじめで最も避けなければならないことは，水面下で進行していき，被害を受けている子どもが不登校になったり，あってはならないことですが命を落としてしまったりすることです。つまり，**発覚すれば，その時点で何かしらの手立てが打てる**ので，最悪の事態は避けることができます。もちろん，発覚しても対応を誤ればさらにいじめがひどくなることもありますが，発覚後の対応の仕方は後にお話しすることにして，まずは，発見する方法です。

定期的な生活アンケートを取ることで，子どもから情報を得ることができる場合が多いのではないでしょうか。一般的には学期に一度，多い学校で月に一度程度，アンケートや面談といった手立てをとっていじめの早期発見を目指していると思います。全ての子どもたちが正直に回答してくれるかどうかは別にして，これには別の効果もあります。それは，**「学校としていじめは許さない。絶対に見つける。」というメッセージを子ども達に伝えることができる**ということです。大々的にアンケートを取るわけですから，いじめの抑止力に少なからず力を発揮しているわけです。

このようにアンケートはいじめ早期発見に大きく寄与します。

しかし，**私が一番子ども達からいじめの情報を得たのは，日記から**でした。

私は毎日日記を書かせていました。返事はひと言程度ですが，それでも毎日読んで毎日返却していました。すると，1年に1～2回，いじめに関する相談があります。そのほとんどが自分ではなく，「○○さんに対して，ちょっとみんな冷たい。」といったような第三者としての相談でした。これには本当に救われました。なぜなら，大きないじめに発展する前に見つけることができたのですから。日記がなくてもその子どもは私に相談してきたかというと，おそらくしてこなかったと思います。

子どもから見て，学校生活の中で，担任の周りに自分以外誰もいなくて相談できる状況なんてほとんどありません。このような話をするのは，その子にとっても大きな勇気が必要です。毎日，日記で他愛のない話をしているからこそ，いざという時も勇気を振り絞って話してくれたのでしょう。**日記でもなんでもいいのですが，先生に話しやすい環境を日頃から整えておくこと**が必要であると思います。

もちろん，環境とともに「この先生なら話しても大丈夫」，「この先生なら何とかしてくれる」という信頼関係はそれ以上に大切です。これは日々の学級経営によるところが大きいのですが，私がよくしていたことはクラスの中でトラブルがあった時に，「それはいじめにつながるぞ。」とか「今○○さんがしたことは，場合によってはいじめとなるかもしれない。」と子ども達に言い聞かせていたこ

とです。子ども達の中には、友達にひどいことをしても「え？ これっていじめなの？」という感覚の場合があります。ですから、**日頃からいじめというものに対して先生が敏感**になっていて、子ども達に対して自分たちの言動の何がどうダメなのかを伝えていることによって、いざという時に信頼してもらえる先生であることができると思います。

どうしたの？

これができたらほぼ解決！

先生…
あの…

③ いじめへの指導
まずはいじめを受けた
子どもを守り、勝たせる

いじめが発覚した時、**最優先することはいじめを受けた子どもを守ること**です。そして、保護者にもすべてを話し、まずは学校に対して信頼を回復する必要があります。私のクラスで起こったいじめは、小グループにおける悪口や仲間外れといったものでしたが、それでもされた子どもはとても傷ついていました。

まずは、これまでされた辛いことに対するケアが必要です。**しっかりと話を聞くことと、寄り添ってあげること**です。私は子どもがされて辛かった話を聞きながら、涙を流してしまったことがあります。それは、いじめにまったく気づいていなかった自分に対しての不甲斐なさか

ら来るものでしたが、子どもにとっては同調してくれたことで話してよかったと思ってくれたようでした。

その後は、**本人とこれからのことについて細かく話し合いました。**相手の子たちをどうするか、いじめがあったことをクラスの他の子たちに伝えてもいいのか、などなど、くよくよ悩んでいる暇がないように一気に話し合いました。

そして、この後に可能であれば、**いじめを受けた子どもがクラスのみんなの前で「私は仲間外れにされて嫌だった。」と訴えること**を勧めました。当たり前のことですが、**いじめとは先生や大人の見ていないところで起きています。**バレたら怒られるからです。無記名アンケートなどによる匿名の情報から、先生からいじめ発覚を切り出すこともありますが、それだと、「誰がチクったんや。」となりかねません。ところが本人がみんなの前で言ってしまえば、いじめをした方はお手上げです。今まで隠れてしていた悪事を暴露されたわけです。しかも、たぶん誰にも言わないだろうと高をくくっていた相手、つまり、**「自分たちよりも弱い」と思っていた相手からの暴露**です。そしてそのいじめた子たちは、その後クラス中から批判を受けます。

もちろん、きちんとしたストーリーを立てて進める必要があります。いじめた側が必要以上につるし上げられてしまってはいけません。あくまでも、**いじめられた子どもがいじめた子ども達に勝ち、**

立場を逆転させることが重要です。こうなるとこの子はもういじめの標的にはなりません。

この子はもう大丈夫だ！

仲間外れにされて嫌でした…。

④ いじめた側への指導　誰から始まったのかをはっきりさせる

当然ですが，**いじめた側への指導も大変重要**です。いわば道を外れてしまったわけですから，きっちりと正しい道に戻す必要があります。

最も大事なのは，**複数で行っていたいじめには必ずいる「誰が最初にやったのか」，いわゆる主犯格とよばれる人物を特定すること**です。これをせずに関わった者たちを**一律に指導して終わってしまうと，いじめは相手を変えて必ず再発します**。私は，子ども達に指導した後，家庭訪問をして「言い出した者」，「流れに乗ってしまった者」のどれに当たるのかをきっちりと伝えました。

そうすることで，**保護者も我が子に対しての関わり方が大きく変わります。**いじめは，学校だけではなくせません。家庭との連携が不可欠なのですから。

　もちろん，「周りで見ていた者たち」にも指導は必要です。しかしこれは，普段の学級経営であったり，②の何でも話せる環境づくりが大切なのです。私は，子ども達から，「先生に言っても仕方ない」と言われたことがあります。つまり先生は信用されていないのです。これは子どもに原因があるのでしょうか。違います。先生に原因があるのです。**いじめはいつでもどこでも起こり得ます。**その時に，**「先生，なんとかして！」と相談される大人であることが，一番大事**なのかもしれません。子ども達が学校で頼れるのは，先生だけなのですからね。

小川式4コマ　いじめを見ぬく目の巻

① いじめって身近にあるんだよ！！

② ほんとうかなぁ…そんなの見たことないや！　うぇん　うえぇん

③ やめてー！　うぇぇん

④ もしかしてあれは！本当にいじめはあるんだ！　うぇん　うぇん　うえぇん

第4章

職員室での
仕事

管理職との関わり

一人職種との関わり

同僚から学ぶ

事務処理

机上整理

服装

電話やお茶対応

第4章 職員室での仕事

　職員室って，子どものときに何回くらい行きましたか？ 中に入ったことはありましたか？ 私は，小学生時代は，たった一度だけ職員室に入ったことがあります。担任の先生の机が入り口からすごく遠いところにあったので，緊張しながら職員室の中へ歩みを進めた記憶があります。それぐらい，子どもの頃は未知の場所でした。それが今では…。

　みなさんは，職員室でどのような仕事をされますか？ ノートの添削や教材研究，学年団での打ち合わせなどなど様々なことをされますが，職員室でしかできない仕事もありますし，職員室でしか身につかないこともあります。それは，教師にとって必要というよりも，**社会人として必要な価値観であったり，仕事への向き合い方であったり**します。**職員室の雰囲気がいい学校は，子ども達の雰囲気もいい**と言われます。若手のみなさんであれば，きっと，フレッシュな雰囲気づくりに一役買っていらっしゃることでしょう。

　職員室とは，様々な先生たちが一堂に会す場所でもありますし，外部の人間も頻繁に訪れます。**我々教師は，子ども達相手には抜群の対応力を見せますが，意外と大人相手は苦手な方もいらっしゃる**ようです。私も初めはそうでした。しかし，私は何度も申し上げていますように，初任校が小規模校であったことから，こぢんまりとした職員室の中で，教諭も，養護教諭も，事務職員も，用務員さんも，そして校長先生もいっしょになって毎日ワイワイ過ごしていました。普通教室よりも小さい職員室で，全教職員がいつも大声で笑い合ったり，真剣に悩み合ったりと，職員室で様々な方と関わり合う中で，ひとつひとつ，**教師として，大人として，社会人として大切なこと**を学んでいきました。職員室は，私に本当に多くのことを教えてくれましたよ。

校長先生や教頭先生と，**1日にどれぐらい話をされますか**。「えっ？ 一日に？ 一週間ならわかるけど…」という方が多いのではないのかなあと思います。当たり前のことなのですが，用事がなければ話すことはありません。管理職と話す用事が毎日ある先生なんて，教諭の中のリーダー格の方だったり，養護教諭や栄養教諭のように職務上関わりが深い先生方だったりするぐらいで，若手の先生方であれば，ほとんどお話することはないでしょう。それよりも，学年の先生との話や打ち合わせの方が，日々の業務に直結しています。それでも，**管理職とは絶対に言葉を交わすべき**だと私は思います。それは，私たちの**目線を変えてくれる唯一の存在**だからです。

① 「学校運営，学校経営」の目線をもつのは，管理職のみ

管理職の先生は豊富な経験と私たちにはない「目線」を持っていらっしゃいます。それは，**「学校運営，学校経営」という目線**です。学級経営が基本の我々には，なかなか持ちえない目線です。それは，次の3つの目線です。

まず1つ目は，**自分の取り組みが，学校全体の中で見た時にどのような意味合いがあるのか**，ということです。例えば，自分の学級で，児童を放課後に居残り学習をさせたとします。もちろん保護者の理解を得てのことだとしても，他の保護者からしてみたら，「居残りさせてまで勉強を見てくれる小川先生は，いい先生だ。それにひきかえ，○○先生はしてくれない。」というように，**自分のせいで周りの先生の評価を下げることにつながってしまうことになるかも**しれません。

2つ目は，**自分の学校は，市（町村）内のひとつであるという認識**です。例えば，私は，兵庫県姫路市で勤務しています。つまり，姫路市内約70校の小学校のうちの1校です。しかし，公立の学校で勤務している以上，他の学校とある程度は足並みをそろえる必要があります。もし，私が自分の学校で外国語に力を入れることを提案し，カリキュラムを変更し，子ども達は高いコミュニケーション能力を身につけることになるとすれば，一見素晴らしい取り組みではありますが，卒業後同じ中学校に進学する隣の小学校の児童との間に格差が生じます。これがダメだということではありません。研究開発している学校もありますから，学校間に差が生じるのは周知の通りです。しかし，それはきちんと自治体の中で認められて取り組んでいることとして成立させ，それを他の学校と調整するのが管理職です。

最後に3つ目は，**学校が地域から支えられているという目線**です。我々も保護者とのつながりはありますが，PTAや自治会などの各種団体とのつながりは，いち教諭ではなかなか持ちにくいものがあります。しかし，管理職を通すことで，地域にいらっしゃる優れた人材の力を借りることができたり，**職員では不可能なことでも地域の団体に頼んだら可能なこと**があったりします。後述しますが，地域は学校を支えてくれています。それらとの橋渡しは，管理職なのです。

この前家でチェーンソーの掃除してなぁ〜

ウィーン

刃の目立てが難しいんですよね〜！

※放課後の雑談実話です。

校長

第1章
第2章
第3章
第4章
第5章
第6章

管理職は，もとは我々と同じ教諭時代があったわけですから，何か相談すると確実に答えを引き出してくれます。もちろん，それはベテラン教員も同じように頼りにできますが，先ほど述べた「目線」は管理職ならではです。私は，管理職とはほぼ毎日言葉を交わしていました。相談事ばかりではありません。くだらない雑談もよくしました。そのおかげかどうかはわかりませんが，「小川先生，これどう思う？」と管理職の先生方から，話しかけられることもよくありました。**お互いに話しやすい存在であることは，必ずプラスに作用します。**管理職あっての，学校ですからね。

○ 学校全体を見る視点を学ぶ！
○ 市や地域から学校を見る！
○ 管理職と雑談ができたら一人前！（かも）

一人職種との関わり

これは私が先輩の先生から言われたことですが，「教員は，学校の中にたくさんいる。だから仕事も分け合えるし，困ったときには助け合える。でも，**一人しかいない職種の人はそうはいかない。そういった人を大事にすることは，必ず自分のためになる。**」ということです。**いわゆる一人職種**と私は呼んでいますが，例えば，養護教諭，栄養教諭，事務職員，用務員（地域によっては校務員とも言う）などの方々のことを指します。大事にしなさいと言われても，どうすればいいのか分からなかったので，とりあえずやたらと話しかけるようにしていました。すると，先輩の言った通り本当に自分のためになったのです。

① 学校を支えている人たちの仕事から，教師として学べることはたくさんある

一人職種の方々は，全てに当てはまるわけではないですが，私の個人的な意見とした上で申し上げると，**「学校を支えている」**と思います。授業をすることがいわゆる学校というものだと捉えがちですが，**この方々なくして学校は運営できません。**

私は若い頃，放課後に用務員さんにくっついてよく仕事をしていました。校庭の草刈りや植木の剪定，扇風機の修理や倉庫のペンキ塗りなど，いろいろなことをいっしょにしながら，たくさん話をしました。もちろん，これらが我々教員の仕事ではないと言う方もいらっしゃいますし，それも正論です。でも，私はここから，**「学校というものは，当たり前**にあるものではなく，誰かが見えないところでいろいろとしてくれているから，学校として存在しているんだ。」**ということに気づきました。そしてそれを，そのまま子ども達に伝えました。**将来社会に出ていく子ども達にとって，学校を支えている人たちの存在はぜひ目に映してあげたい存在**でもあります。

② 自分にはない，ちがった価値観や見え方を学ぶことができる

一人職種の方々と話すと，いろいろな情報を入手できました。例えば**用務員さん**からは，「○○先生のクラスの子は，掃除を一生懸命にする。」とか，**養護教諭**からは，「◇◇先生のクラスの子は，保健室に来るときいつも礼儀正しい。」とか，**栄養教諭**からは，「□□先生のクラスは，いつも給食の返却が早いし，残菜もない。」ということを聞きました。こういったことは，教員同士でも気づく

ことはありますが，よほど注意していないと気づかないものです。ですから，「○○先生！掃除の指導って，どうしているんですか！？」と直接教えを乞うことができました。

そして逆に，事務職員の先生からは，**「用務員の□□さんから子どもの掃除を認められたら，一人前やで。」**と言われたこともあります。一人職種の方々は，本当に学校のことが見えているんだなあと思いました。

一人職種の方々とは，用事がなければ関わり合うことがないのは，前述の管理職と同じです。ここでもやはり，**自分とは違う「目線」を持つ方々として大事にすることで自分にとってメリットがあるということ**を，覚えておいてください。私の理想は，**「すべての教職員と，気軽に話ができる」**です。困ったときには，お互い様です。そして，同じ教員同士であれば何も考える必要もなく，助け合えます。しかし，もし，一人職種の方々に自分から声をかけて助けてもらったり，逆にその方々から「ちょっといい？」と手助けを頼まれたりしたら，それは，みなさんにとって素晴らしいことであると思ってくださいね。まずはとりあえず，いろいろな方々に，「何かお手伝いすることないですか？」と聞いてみるのをおすすめします。

○一人職種の方々は，学校を支えている！
○一人職種の方々の評価は，信憑性抜群！
○とにかくすすんで声かけよう！

第1章
第2章
第3章
第4章
第5章
第6章

同僚から学ぶ

　職員室にいらっしゃる職員を，みなさんは何と呼びますか？ 社会では，同僚という呼び方が一般的です。**我々は同僚でありながら，時に仲間であり，時にライバルであり，場合によっては戦友であったり**します。（学校が落ちついていない時期は，お互いに戦友と呼び合ってました（笑）。）民間の企業であれば，係長や部長，取締役なんていうのがあって，役職や階級で組織が構成されていることが一般的です。ところが**我々の組織は，管理職と一般教員のいわゆる「なべぶた式」**と呼ばれる構造です。地域によっては，副校長がいたり，また主任，主幹という立場の教員もいたりするようです。暗黙の了解のような上下関係もありますが，それでも，経験を積んだ超ベテランの先生も，大学を卒業したての新任の先生も，同じ教諭という立場で職務に取り組みます。その中で，研鑽を積んでいくには，高い意識が必要なのです。

① 8割の先生が，「聞かれたら教えるよ」という考え方

　私の経験上での見立てですが，若手にあれやこれやと助言したり，**面倒見がよかったりする先生は全体の2割ほどで，あとの8割は，「聞かれたら教えるよ」というスタンス**だと思います。不思議なもので，教えるのが生業の先生なのに，同僚や後輩に対してはあまり積極的に教えようとはされないものです。

　しかし，**周りがあなたに何も言ってこないからといって，今あなたのしていることがうまくいっているとは限りません。**おそらく，「学級担任」というちょっとした聖域のようなものがあり，あれこれと口出しして，「うっとうしいなあ。」って思われるのが嫌だという心配もあるのかもしれません。みなさんも，積極的に

質問することは気が引けると思いますが，もしもあなたが後輩の先生から，「ちょっと教えてください。」と頼まれたら，悪い気はしないでしょう？ ですから，どんどん相談していきましょう。若手は，「先輩は何も教えてくれない。」と思っていて，先輩は，「後輩は何も聞いてこない。」というすれ違いがよくあります。職員室では**「聞ける者は伸びる」**と思いましょう。

② 「先生，○○を見せてください」放課後は，校内散歩でヒントをゲット

大工などの職人の世界では，**「師匠から技をぬすめ」**と言われますが，我々の世界でも似たようなものだと思いませんか？ 私は，ある先輩の先生が運動会の練習中に，手元のファイルを見ながら朝礼台で指導をされているのを見て，終わってから机の上にあるファイルをこっそり見たことがあります。それは，1時間に指導する内容をまとめた指導略案でした。**「運動会の練習に，ここまでするのか」**と驚いた記憶があります。

他にも，**放課後に職員室に戻る前に，ちょっと校舎内をひと回り**していました。先輩の教室には，子どもの作品掲示の仕方，ドリルや副読本などの整理の仕方，係活動のポスターなど，参考になるものはたくさんあります。月の始めに行ってみると，花や飾りなどのちょっとした季節感の出し方なんかも参考になりました。

もちろん，**始業式や終業式の前日は，**校内巡回は欠かせません。子どもへのメッセージが黒板に書かれていますからね。**休み時間に，前の授業の板書を見て回る**のもいいですよ。

放課後は学校探検で，いろいろヒントをゲットするぞぉ～

私は，先輩の先生を勝手に分類していました。「A先生は，板書がうまい。B先生は，子どもをのせるのが上手い。C先生は，事務処理が早い。」ということを頭に置くだけで，自然とその先生を目で追っていました。私は，**自分のスキルの7割は先輩の先生の真似事**です。本を読んだり，研修を受けたりして学ぶことはたくさんありますが，同僚から学ぶことができる人は，それ自体が素晴らしい才能です。**学ぼうと思えば，後輩の先生からも学ぶ**ことはできます。先生というのは，向上心の塊みたいな方ばかりです。たくさんの同僚から刺激を受けて，成長しましょう。

○ 同僚に聞くクセをつける！
○ 同僚のいいところを見つける！
○ 「見せてください」言えたら完璧！

第1章
第2章
第3章
第4章
第5章
第6章

事務処理

　教師になってしばしば頭を悩ませるのが，事務処理ではないでしょうか？　校務分掌の書類や教育委員会への提出書類，会計などの処理等々，**教員を目指している学生時代には，想像もしていなかった業務**だと思います。若い時はそれほど多くはないのですが，それでも私は必死でしたね。初任のころは，毎月の集金は現金でしたから，その処理だけでもずいぶん苦労したものです。それだけに，事務処理が早くて丁寧な先生を羨望の眼差しで見ていました。この分野については，自分のことはさておいて，私が見てすごいなあと思った先生方から学んだことを紹介します。

①　自分の仕事より，頼まれた仕事を先にする

　私はついついできないこともあるのですが，やはり，**「頼まれた仕事だけは先にしよう」**と常々思っています。例えば「文書のこの部分を仕上げてね。」と言われたら，おそらく他の部分はその先生か他の先生が分担されています。**もし，自分の分担が仕上がらなければ，いつまでも完成されません。**私の同僚は，朝に頼んだ仕事を放課後には仕上げてくれていました。「いつしたのだろう？」と思うと同時に，この先生への信頼度はぐ～んと増しました。

すぐ行きます！

小川先生！手伝って！

②　締め切りは，提出の三日前に設定する

　何かを仕上げる場合，必ずその前に，いくつかの手順があります。私の場合，**「①仕上げる→②決裁→③修正→④決裁→⑤完成（提出）」です。**つまり，仕上げると言っても，それはあくまでも自分の中であって，他者に決裁をもらわないといけない場合は，②③④の段階が発生します。それを乗り越えるために**必要な期間を，余裕を持って見積もる**と三日です。

急げ～

と，うまくできたらいいけどね～

バタバタ　バタバタ

小川先生，書類まだ～？

③ カレンダーは 3ヶ月分がおすすめ

卓上カレンダーを置いている方は多いと思います。スペースの問題もありますが，**私は，3ヶ月先まで見えるカレンダーを置いています。**100円ショップで小さい卓上カレンダーを3つ購入して，並べているだけですが，かなり見通しをもって進められます。

例えば，3学期で言えば，1月・2月・3月のすべての予定が目の前にあって毎日確認できるのです。**事務処理の締め切りも，余裕をもって書いておけるので，自分自身へのプレッシャー**になります。なんせ，「○○提出！」という文字が3ヶ月前からずーっと目の前にあるのですから。

これでバッチリ！

事務処理は，**仕事が早い遅いとかではなく，時間の使い方の上手い下手による**なあと思います。先生方の中には，いろいろな事務処理を同時に進めて行く方もいれば，ひとつひとつ処理していく方もいます。どちらがいいというのではなく，みなさんはみなさんで**自分の事務処理スタイルを見つければいい**と思います。

大切なのは，「先生の仕事は子どもを育てることで，事務処理なんかは二の次だ～」とならないようにすることです。我々にとっての事務処理は，子どもにとっての宿題みたいなものです。私は，「先生はね，この前たまっていた仕事を仕上げるのに2時間かかりました。ついつい後回しにしてしまうんだよね。みんなは，ちゃんとコツコツ進めておくんだよ，夏休みの宿題。」とよく話しました。

○頼まれ仕事は最優先！
○締め切りは早めに設定！
○カレンダーは，2ヶ月よりも3ヶ月がおすすめ！

第1章
第2章
第3章
第4章
第5章
第6章

第1章
第2章
第3章
第4章
第5章
第6章

机上整理

これはもう，コツとかはあるようなないような，という感じです。**性格も大きく関与する分野**です。ちなみに私は大の苦手です。私が，積み上げた文書から必要な書類を探し出す姿を見て，先輩から，**「また地層から発掘しよる。」**と言われました。まあそれでも歳を重ねるごとに，地層も低くなってきましたが，たまに油断するとうず高く積まれて雪崩が発生していました。みなさんは，そうならないためにもぜひ気をつけてください。苦手な方は，次のことを試してみてはいかがしょう。

① 文書はすぐに綴じるか仮置き場を作ってまとめて綴じる

机上でもっとも存在感を示しているのは，文書です。重要なものからちょっとした文書，教室で使うプリントの原本や配布された資料等々，雑多に積まれているスペースが机上にはよくあります。私が見た机上整理が上手い先生のコツは，2つありました。

1つ目は，すぐに綴じることです。文書は見たら，すぐにファイルに綴じる。この習慣がついている人は，机上に文書はたまりません。

2つ目は，文書の仮置き場を作ってそこに一旦キープすることです。私は，ある先生の真似をして机の一番幅広く薄い引き出しを仮置き場にしています。文書は目を通したら，必要でないものは処分し，必要なものはとりあえずそこにしまっていました。そして，溜まってきたなあと思ったら整理します。薄い引き出しですが，2週間ぐらいは持ちます。

② 毎日もしくは毎週の退勤前の10分は片付けタイム

不思議なもので，朝来たときはきれいな机上だったはずが，帰るときにはすでに散らかっている。こんな怪奇現象が頻繁に起こっていました。なぜなのでしょうね。未だに原因はわかりません。

とりあえず，片付ける癖をつけることが先決でした。**退勤前に，机上をきれいにして帰ることで翌日を気持ちよく迎えられます。毎日が無理なら，毎週金曜にすると**いうように，片付けタイムを決めておくと続きます。散らかさないように心がけても，ついつい散らかしてしまう場合は，散らかさない癖をつけるよりも片付ける癖をつけてしまった方が，案外とうまくいきます。

③ 机上整理の達人の退勤前を観察する

職場に，整理整頓の達人がいらっしゃるはずです。その方も，勤務中はおそらく机上にはいろいろと広がっています。しかし，「おつかれさまでした〜」と出る時には，きれいさっぱり片付いています。**これを見逃さずに，観察しましょう。**何をどこにしまっているのか，どのようにしているのか，**勇気を出して，「文書とかってどこにしまっているんですか？」，「机上整理のコツってあります**か？」**と尋ねてみる**のもいいですね。私たち苦手民族にはない意識を持っている方々の文化をぜひ享受しましょう。

お疲れ様です！

一体なぜこんなに綺麗な机に…

机上整理は，前述の事務処理の能力と直結している部分です。どちらかだけできている方は少なく，どちらかができている方は，だいたい両方できている方です。そして，**おそらく教室の教師机の上も，職員室のそれと同様なはず**です。経験を重ねると，仕事量も増えることが一般的ですから，取り扱う文書量も増えます。**ぜひ，経験の浅いうちに，机上整理のコツを身につけておきましょう。**

○文書は綴じるか仮置き場に！
○散らかさないよりも，片づける方を頑張る！
○達人に聞いてみるのも上達の道！

服装

みなさんは普段どのような服装で勤務されていますか？ やはり多いのはジャージー姿かなあと思います。学校によっては平服（いわゆるスーツ）でないといけないところもあるかもしれません。私は若い頃によく服装について管理職から注意されていました。その時は朝からずっとジャージー姿でしたからね。**当時は，「子どもと遊んだり，動き回ったりするから，汚れてもよくて動きやすい服装でいて何が悪いんだ！」**と思っていましたが，経験を重ねてくると一概にもそうとは言えないなあと考えるようになりました。

① 「身だしなみ」を伝えるために清潔感を大切に

私の勤務する姫路市の小中学校には，**「みそあじ」**という生活指導における合言葉があります。「**み**だしなみ・**そ**うじ・**あ**いさつ・**じ**かんを守る」をまとめたキャッチフレーズです。この中の身だしなみですが，子どもにとっては名札をつける，体育の時間は体操服に着替えるぐらいの意識かもしれません。大人にとっての身だしなみが大切である理由のひとつに，**「相手に好感をあたえる」**というのがあります。そこで**大切なのが，清潔感**です。奇抜な色や柄の入った服は，**ユニバーサルデザインの観点**からもよくないですし，**発達障害をもつ子どもに**とっても視覚的に気になってしまいます。まずは，さっぱりとしてシンプルで清潔感のある服装をお勧めします。

② 服装で子どもの意識を変える！

参観日や研究授業になるとスーツになりますよね。それをよくないとは言いません。対外的な場面ですからね。逆にそんな時も普段通りの服装なのはいかがなものかと思います。**服装を変えると雰囲気が変わります**よね。「お，先生今日は気合入っとる。」と子どもも思います。前述に私は理科の時間に白衣を着るとお話しましたが，同じように**音楽会の練習ではジャケットを着る**ようにしていました。凛とした雰囲気を出すためです。**卒業式の練習も同じくジャケット着用**です。子ども達も，「先生さっきまでジャージーだったのに，着替えている！」となります。こうすることで，「きちんとしなさい。」と注意しなくても**「きちんとしないといけないな。」というメッセージを伝える**ことができます。教師の服装で，授業の雰囲気を変えることもできます。

者が自分よりも年上であることが多かったので，「なめられないようにしないと！」とひとり意気込んでいました。苦情を抱えている保護者によっては，「こっちはきちんと話し合おうと思って正装で来ているのに，先生はジャージーなんですね。この問題を軽く見ている証拠ですよ。」と，揚げ足を取られてしまう可能性もあります。それは避けたいですね。

また，校区の会合や集まりなどに出る時も，場合によっては，お店から「子どもが店の品物を…」といった連絡が入った緊急事態でも，スーツに着替えてから走りました。「学校の先生」というのは昔はいたるところで敬意を払ってもらっていたかもしれませんが，今はそうでもないと思います。**こちらの誠意を見せるのにも服装は大切なポイント**なのです。

③ 保護者対応や校外に出る時は，イメージアップのチャンス！

私の更衣室のロッカーには**一着のスーツが常に入っています**。保護者が突然来校するとなった場合，その内容が苦情だろうと相談だろうととりあえず着替えます。家庭訪問でも同じです。生活指導をしていましたので，違う学年の保護者対応にも入ることがよくありました。**保護**

ここでは，私の個人的な見解を中心に述べていますので，違う考えの方も当然いらっしゃると思います。「外見よりも中身が大事だ！」というのももっともな意見です。しかし私はあえて申し上げると，**「たかが服装，されど服装」**です。そこには，髪型や染色，男性であれば髭などの身だしなみも含まれます。個人の自由と言ってしまうとそこまでですが，もしみなさんが清潔感のないTPOをわきまえない身だしなみをしていたら，**みなさんのマイナスに作用することはあっても，けっしてプラスにはなりません。教師とは常に，「見られている存在」**と意識しましょう。

○ 清潔感を大切に！
○ 服装で子どもの意識を変える！
○ イメージアップのチャンス！

電話やお茶対応

　職員室にいて，**外部の人とつながるのは電話対応と来客対応**です。だから何だと言われてしまうとそれまでですが，実はこの２つは私にとってはとても重要な役割（役割と言っていいのかどうかも疑問ですが）です。簡単に言えば，**「きっと誰かが対応してくれる」というこの仕事**を，進んですることでいろいろなメリットが生まれます。そして，この２つができる先生は，きっといろいろな方から信頼を得ることができると思います。

① 電話対応は，学校の印象を変えることができる

　私は，職員室での配置が，ちょうど電話の前という年が何年か続きました。毎日背中側で電話が鳴るので，振り返れば取れるのです。ちなみに，みなさん，受話器を挙げてなんて言いますか？ 私は，「こんにちは。〇〇小学校の小川です。」と言っていました。**大切なのは，挨拶と名乗ること**です。これだけで相手の印象は違います。

　そしてその後ですが，もし相手の話したい職員が席を外している，あるいは不在の時に，**「〇〇は今職員室にいません。」だけでは，印象はよくありません。**「〇〇は今近くにいません。お急ぎでしょうか。放送で呼びますので，しばらくお待ちいただけますか？」と言うと，伝言でよかったり，後ほどかけ直されるなり，相手が決めてくれることが多いと思います。

　また，体調不良などで保護者からの欠席連絡の場合，「わかりました。担任に伝えます。**お大事にしてくださいね。」とひと言添えるだけで，学校の印象はぐんとよくなります。**電話対応は，大人のたしなみですからね。

民間の企業に電話した時の電話対応を参考にしてもいいですね〜

こんにちわ。
いつもお世話になっております。
〇〇小学校，2年生担任
スーパーハンサムティチャー
グレート小川
が承ります。

② 来客対応は，印象アップと視野が広がる

　私の得意技に，「来客があった時に瞬時に人数を把握し，お茶を入れて校長室に持っていく」というのがあります。場合によっては，管理職が校長室からひょこっと顔を出して，指で３（来客は３人）と示してくれることもありました。実は，お客さん側から見た時に，「誰か３つお茶入れて〜」と大きな声で言うとお茶が出てくる学校と，**何の指示もないのにお茶が出てくる学校は，やはり後者の方が印象がよい**ようです。

　そして，来客の方が教育委員会であったり，自治会であったり，PTAであったりすると，話を詳しく聞くことはできませんが，「ああ，今はこんな方々と学校は何かを進めているんだなあ。」と，視野を広げることもできます。こういった情報は，いつか何かの時に役に立ちます。

　また，これはちょっと参考にならないかもしれませんが，問題が生じて保護者と深刻な話し合いをする時に，**「１時間経ったら，新しいお茶を持っていきますね。」とお茶ミッションをした**こともあります。話し合いがヒートアップしたり，煮詰まったりしている頃合いを見計らって，「おつかれさまです。一息入れませんか。」と入ることで，場が和むこともあります。まあ，和まないかもしれませんが（笑）。

　地域によっては，こういった電話対応や来客対応をする職員の方がいる学校もあります。それは，**うらやましいなあと思いつつ，そこから得るものもたくさんあった私にとっては，少しもったいないなぁ**と思います。我々教職員の本来の業務とは切り離して考えることもできますが，**「開かれた学校」**というイメージをより一層高めていくための手立てのひとつとして考えることもできます。

小川式４コマ　わたしにおまかせ！の巻

第 5 章

地域や
関係機関

PTA

子ども会や自治会

スクールヘルパー

補導委員，民生委員，児童委員

教育委員会

担当者会

第5章　地域や関係機関

　小学校に勤めて初めて知ることのひとつに，**「学校というものは先生と子ども達だけで成り立っているわけではない」**ということがありました。せいぜいPTAという言葉ぐらいしか知っていなかった私には，**自治会や補導委員，民生委員に児童委員**など多くの方々が学校を支えてくださっていることは，まったく想像をしていませんでした。そして，**教育委員会**を始め様々な関係機関が我々のサポートや指導を行ってくれることも，教師になって初めて知りました。さらに，同じ行政管内の教師で組織するいわゆる**「担当者会」**というものがあることも…。

　これらは，日本中どの地域で教師をしても，おおよそほとんどすべての学校において関連のある組織だと言えます。我々は，子ども達に授業や行事など様々なことを通して学ばせていきますが，日頃から様々な人たちの支えのもとで，取り組めているということも事実です。若手の時分はそんな周りの支えなんて目に入っていませんでしたが，そこそこ経験を積んでくると，**校外の大人たちの理解やサポートの重要性**がよくわかってきました。地域のみなさんが，子ども達を大切に思ってくださっているのと同じように，学校のことも大切に思ってくださっていることは，本当に心強いものです。

　そして，自分の学校の中の職員だけでなく，**他校の職員とつながりを持つことは自分の教師としての枠を広げ，力量を伸ばしていくこと**に直結します。地域によっていろいろな学校や組織がありますが，それでも，保護者や地域，関係機関が学校を支えていないことは，おそらくどこにもないと思います。

　この章では，そのような方々とどのようにつながっていればいいのか。そして，そういった方々から「愛される先生」となるためにはどうすればいいのか，いっしょに考えていきましょう。

先生って
色々な人に支えられて
いるもんなんですね〜

PTA

ここでいうPTAとは，担任をしている学級の児童の保護者というくくりではありません。PTA活動をされている方々という意味です。様々な部に分かれて，活動されています。**熱心な学校ではPTA活動のために，ほとんど毎日保護者が学校にやって来ているというところもあります。**PTA会員の方全員が子どもの保護者ですので，学校のためにという気持ちもあるでしょうが，その動力は子ども達のために様々なことに力を尽くしてくれている団体です。

① 先生は，そこにいるだけで感謝される！

以前勤めた学校で，こんなことがありました。休日に，たまたま仕事をしに学校に立ち寄ったら，運動場でPTAがイベントをしていました。自分が担任しているクラスの子ども達の姿が見えたので，ちょっと運動場に出てみました。すると，どうでしょう。子ども達が「小川先生だー！」と言ってくれるのはわかるのですが，**PTAの方々の歓迎ぶりが，もうとんでもなかったです。**「スペシャルゲストです～！」とアナウンスされて，いろいろなゲームをやらされました。そしてたくさんの方々から，**「先生，休みの日やのにありがとうございます！」**と感謝される始末。「いやいや，たまたまですよ～」と話してもわかってもらえず，

帰りには参加賞のお菓子をたくさんいただいて帰りました。

何をするわけでもなく，そこにいるだけで感謝してもらえる。さらに，このことはしばらくたってからも，「先生あの時来てくれたなあ。」と感謝されます。本当にありがたいことです。

第1章
第2章
第3章
第4章
第5章
第6章

② PTAは，学校を支えている！

学校というものは，教師が運営しているのですが，実はたくさんのことがPTAの活動として展開されています。例えば，年に数回発行される広報誌の取材や発行，スクールヘルパーや交通立ち番の当番表作成，登校班の名簿作成や通学路の管理，各種イベントの企画・運営，運動会や音楽会での準備や当日の警備など，様々な分野において学校を支えてくれています。そして，**特筆すべきはすべてボランティアでされている**ということです。我々は仕事として学校に携わっていますが，PTAは保護者による完全ボランティアです。仕事や用事などの都合をつけて，学校をサポートしてくれてい

ます。ですから，私はPTAの方が来校されていて，**自分の仕事に余裕のある時は「何かお手伝いしましょうか？」と声をかける**ようにしています。すると，「このプリントを印刷したいのですが…」とおっしゃられることがあります。我々にとっては簡単な印刷機の操作も，PTAの方には難しいのかもしれません。些細なことですが，できることはお助けしたいなあといつも思っています。

PTAの活動は，地域によってはあまり活動していないところもあるかもしれません。そもそもPTAという組織自体がなくなっている地域もあるのではないでしょうか。もしかしたら，世界中でもPTAのような組織があるのは日本だけかもしれません。時代遅れかもしれませんが，**私は学校と保護者がともに手を取り合って子どものために活動することは，とてもいいこと**だと思います。学校というものは，ともすれば閉鎖的な一面を持っています。**外部からの風を常に入れることで，よりよい学校教育を進めることができうる**と私は考えます。

○ 先生は大切にされている！
○ できることは手伝おう！

子ども会や自治会

最近はあまり活動していない地域もあったり，逆にいろいろな行事で充実している地域もあったりする子ども会。みなさんの勤務されている校区ではいかがですか？

子ども会の行事で学校と関わりがあることといえば，球技大会やお祭りでしょうか。PTAと子ども会の違いは，私見ではありますが前者は児童の保護者限定の組織，後者はそれプラス**校区住民の方々も関わっている**ということです。お祭りなどはそうですね。学校とは直接的に関わることはほとんどありませんが，それでも子ども達が所属する団体ですから，何かしらつながりはあるものなのです。

① 子ども会は，入ってない子にも配慮が必要

お祭りの時期が近づくと，「今日も太鼓の練習や〜。しんどいなあ。」とか言う子ども達が増えてきます。そして，「宿題する時間がない〜」という言い訳をする子もちらほらいます。もちろんそれを大目に見てあげることはないのですが，**子ども会に入っていない子，つまりお祭りに関わっていない子もいるという事実はおさえておきたい**ですね。

授業の一環で，お祭りのことをスピーチなどで話すのはいいのですが，授業とは関係のない場面で，先生が子ども会の行事の話で盛り上がってしまうと，話に入れない子が，**「先生は子ども会に入ってる子とばっかり話をする。」**なんてことを思われてしまうかもしれません。それぞれの校区の実態にもよりますが，「子ども会そのものがない」という地域もあ

るかもしれません。中には同じマンションに居住の子どもだけで組織されている「子どもサークル」的なものもあり，子ども会と同様にいろいろな行事を行っているところもあるようです。

みんなが入っているわけではないんだよなぁ

② 自治会は，学校のために いろいろと動いてくださる 方々の宝庫

　子ども会と同様，自治会も設置していない地域がありますが，もし，勤務されている校区に自治会があれば，いろいろとチャンスが広がります。それは，**自治会には多くの場合ご高齢の方々がたくさんいらっしゃる**ことが関係しています。

　自治会とは地域に在住する方々の任意団体なので，小学校に通っている児童がいない家庭も加入されていることが多いです。ここがPTAとはちがいます。**自治会の中には，老人会や婦人会などのグループもあり，交通安全協会や防犯協会，消防団のメンバーも兼ねている方々がたくさんいます。**これだけでも，授業のゲストティーチャーに当てはまりそうな気がしませんか。

　私も以前授業で，「5年生の工業学習で，町工場を見学したいのですが校区にありますか？」と自治会の方に聞いたことがあります。すると，「たしか，○○さんの工場がなんか車の部品作ってるって言ってたなあ。ちょっと聞いてみたるわ。」と，**話を聞く手配をしてくださいました。**

　他にも，生活科で昔遊び体験，総合学習の豆腐作り，高学年では将来の夢に関わる様々な職業の方の話。そして，毎日の登下校の安全を見守るスクールヘルパー。**「学校のためならなんでもしたるで！」**という方々がたくさんいるのが，自治会です。その学校の卒業生も多いので，「わしらの時は校舎は木造やった。」という貴重な話も聞けますよ。

　「学校・家庭・地域」の3つで子どもを育てましょう，とよく聞きます。しかし，**地域とつながりを持っているのは管理職や一部の先生にとどまっていることが多い**と思います。接点がない，もちにくいということもあるかもしれません。しかし，私は自治会のおじいちゃんから，**「うちの学校の若い先生は，たからもん（宝物）や。よううちに来てくれた。困ったことやわからんことがあったらなんでも言ってや。」**と声をかけていただきました。若い方々こそ，積極的に地域と関わっていただきたいですね。

スクールヘルパー

　前項で少し触れたスクールヘルパーですが，ここでは，**「子ども達の安全を守る組織」としてのスクールヘルパー制度**についてお話します。最近はどの学校でも保護者や地域の方々を中心に組織されているのではないでしょうか。多くは，校門の近くなどの学校の出入り口に詰め所があり，来校者に対応してくださります。登下校時には，交差点に立ってくださったり，校門で児童に挨拶をしてくださったりします。PTAや自治会の組織に組み込まれていて，輪番制で担当が回ってくるところもあるでしょう。しかし，**このような組織は我々が子どもの頃はなかったのです。**そもそも，校門は一日中開けっぱなしで，外部に開かれた状態でした。

①　2001年の事件がきっかけで，開かれた学校から，閉ざされた学校へ

　もうずいぶん前になりますが，ある学校で痛ましい事件が発生しました。外部の人間が校内に侵入したことで起こった事件でしたから，その後，世間では「学校の安全対策はどうなっているんだ！」という議論がいたるところで交わされました。あるところでは，防犯カメラを設置し，またあるところでは警備員を配置し，**子ども達の安全を確保しようと躍起になりました。**しかしながら，予算が限られていたり，大仰な対策をすることで，逆に子ども達が不安に感じたりと，どうすればいいのか日本中で様々な取り組みが試みられました。

　そして，ひとつの方法として定着したのが，**「スクールヘルパー制度，いわゆ**る学校見守り隊」です。私の勤務した地域では，自治会やPTAの方々によるスクールヘルパー制度でしたが，初めの頃はヘルパーの方々が校内を巡回されていました。不審者がいないか，不審物はないかなど，スクールヘルパーの詰め所のマニュアルには，巡回の時間や注意事項が記載されていました。もちろん，現在でも巡回を実施している地域もあります。**学校が，安全で安心して過ごせる場としてあり続けるために，**スクールヘルパーのような制度はとてもありがたいですね。

そんなスクールヘルパーに対して，私たちはなにができるのか。取り組みのひとつに，**「スクールヘルパーさんへの感謝の会」** という集会を紹介します。これは，年度末に学校や自分たちを1年間見守ってくださったスクールヘルパーの方々に，感謝の気持ちを全校児童で伝える集会のことです。歌を歌ったり，各クラスから感謝の寄せ書きを贈ったり，代表児童による感謝状贈呈など，子ども達が感謝を伝えます。私が感じたのは，**「いつも校門に誰かがいるのは，当たり前じゃない。」**，**「自分たちが安心して勉強できるのは，当たり前じゃない。」** ということです。

スクールヘルパーというのは，地域によっては授業のサポートをするような立場の方々をそう呼んでいるそうです。**学校教育が教職員だけで進んでいる時代ではないの**ですね。これは私見ですが，閉鎖的な学校よりも開かれた学校の方が，圧倒的により よい教育を子ども達に提供できると思います。

それは，常に多くの目で子ども達を見ることができることでもありますが，何より **様々な立場の大人が子ども達と関わることによって子ども達の視野が広がったり，刺激を受けたりすることのメリットが大きい** からではないでしょうか。スクールヘルパーという存在は，ただの安全対策や学習支援といったこと以上に，子ども達を温かく包んでくれている方々であるように感じています。

○ 学校，子どもを守ってくれている！
○ 感謝を伝えることも大事！
○ 子ども達の視野も広げてくれる！

第1章
第2章
第3章
第4章
第5章
第6章

補導委員，民生委員，児童委員

　地域にはこのような方々がいらっしゃいます。この方々は行政機関からきちんと委嘱されてその任についている，いわゆる**地域のスペシャリスト**です。生活指導担当や補導担当になれば，情報交換会を行ったり，合同補導を行ったりと何かしらの関わりを持つことができますが，そうでなければその**学校に着任してから離れるまでの数年間，まったく関わりを持つことなく過ごしてしまうこともある**と思います。

　しかし，とても頼りになる方々で，私は大変お世話になりました。今回はそんなエピソードを交えながらお話したいと思います。

① 補導委員は，第2の両親と言ってもいい！

　補導委員とは，「地域社会における青少年の健全育成及び非行防止を目的」として設置されています。街頭補導や啓発活動に力を入れていますが，私の出会った補導員の方々は，それ以上に子ども達のために尽力してくれました。

　例えば，学校へ行き渋っている子どもと一緒に登校してきてくれたり，髪の毛を染めてしまった子どもをなんとか説き伏せて美容院に連れて行って染め直してくれたり，そして，夜に子どもが帰ってきていないとなれば，夜中まで一緒に探し回ったこともありました。こういった活動は補導委員の域を超えているかもしれませんが，**そのような補導委員の方々は「みんなわたしの子どもや。」と，だいたい口をそろえておっしゃいます。**本当に頼りになりました。

② 民生委員と児童委員は，保護者を導く保護者

　厚生労働省において，民生委員とは，「住民の相談に応じ，必要な援助を行い，社会福祉の増進に努め，児童委員も兼ねる」とあり，児童委員とは，「地域の子ども達を見守り，子育ての不安や妊娠中の心配事などへの相談・支援を行う」とあります。

　補導委員との違いは，**対象が青少年のみならず幼児から大人まで，また妊婦から高齢者までと幅広い方々，いわば地域の住民全体を見ている方々**です。ですから，家庭環境や子育ての状況で心配な子どもがいれば，「〇〇さん大丈夫～？ちょっと相談に乗るで。」と保護者にアプローチをかけてくれます。

こんにちわ！

第1章

第2章

第3章

第4章

第5章

第6章

私も，なかなか子どもに向き合えない保護者の対応に困って，民生委員の方に家庭訪問をしていただきました。子育てのみならずお仕事や生活の相談にも乗っていただいたらしく，我々教員にできないことをさらりとやってのけてくださいます。**我々が子どもの担任とするならば，この方々は「保護者の担任」とでも言えるのではないでしょうか。**

ちなみに，私は自分が住んでいる地域の委員の方々は存じ上げていません。おそらくみなさんも多くの方々がそうではないでしょうか。**関わり合うことがないままにくらしは過ぎていくことがほとんどだと思います。**もちろん，この委員の方々が大忙しで大活躍されていては，あまり喜ばしい状況とは言えないかもしれません。それは，警察や消防といった私たちの安全を守ってくださっている方々と同じです。**我々の知らないところで，子どもたちや地域の方々を支え，フォローし，そして導いていく。本当にありがたい存在です。**人生の先輩方として，たくさんのことを学ぶことができます。ぜひ，機会があれば一度「ちょっと児童のことで相談があるのですが…」とつながってみてはいかがですか。きっと，みなさんにとって，たくさんのことを吸収するチャンスですよ。

○地域のことならなんでも知っている！

○保護者のことで困ったら，とりあえず相談してみる！

○保護者の担任，地域の担任として，感謝！

教育委員会

　みなさんが，市町村組合立や県立，または大学付属などの国立の学校の教員であれば，市や県などの教育委員会に所属していることになります。教育委員会の教員採用試験を受験し，採用されれば，おおよその場合その地域での教師人生をスタートし，歩んでいくことになります。新任教諭であれば，初任者研修があったり，担当している校務分掌によっては教育委員会から調査依頼が届いたりします。では，**そもそも教育委員会とは，どのような組織なのでしょうか**。ここでは，みなさんに身近な市町村組合立の教育委員会を中心にお話しさせていただきます。もしかしたら怖いイメージをもっているかもしれませんが，決してそんなことはなく我々のためにいろいろと尽力してくださっている機関なのです。

①　現場の教員の支援，指導をするプロ集団

　○○訪問という教育委員会からの視察を受けたことはありますか？　帳簿や授業を見ていただき，その後指導を受ける。これは，その地域内において輪番で回ってくることが通例です。

　他にもいろいろと相談に乗ってくれるのですが，私の場合，**子どもの問題行動で悩んでいる時に，教育委員会の指導主事に相談に行きました。**「クラスの中でどう対応すればいいのでしょうか？」という私の質問に対して丁寧に答えてくださった後，保護者対応の方法や学年団としての動き，また，今後学校全体でどのような対応をすればいいのかなど，**こちらが気づいていなかった内容についてわかりやすく話していただきました。**自分

が狭い範囲で考えていたことに気づき，一気に視界が開けたことを覚えています。これは指導主事の多くの方が，現役の教員であったことによるものだと思います。それも各年代のエース級の方々が現場を離れ，教育委員会という場にいらっしゃるわけです。すごいのは，**「何を聞いても対応してくれる」**ということです。心強い味方です。

現場出身もたくさんいますよ！なんでも相談してね！

② 自治体の予算を生かして教育をすすめてくれるプロ集団

　当たり前のことですが，**教育にはお金がかかります。**教科書や学校備品には税金が使われていることは知っていますが，他にもたくさんのことに税金は使われています。そういったことを取り仕切っている部署が教育委員会の中にはあります。

　例えば，給食などはそうですね。子どもたちから給食費は毎月徴収しますが，給食室の運営や安全管理などは教育委員会が担当することが多いと思います。また，予算の中でもっとも多いのは人件費だと私は思います。前項で触れた補導委員ですが，教育委員会の中にも**青少年健全育成を担当する部署**があり，様々な活動を行っています。また，**特別支援教育や発達障害などに対してのサポートを担当する部署，人権啓発を担当する部署，**さらに，**科学館や博物館にも学芸員と並んで指導主事が配置されていること**もあり，校外学習ではお世話になったことがあります。教育委員会は，自治体の予算を，「人」と「もの」に適切に割り振り，学校教育を支えているのです。

　私の諸先輩方や，同級生，同期のメンバーが教育委員会に所属しています。いずれの方も本当にすばらしく，現役時代に名を馳せた定評のある方々ばかりです。そんな方々が，いつも電話口で「小川先生，おつかれさまですね。いつも本当にありがとうございます。」と労ってくださいます。**教育委員会は，文部科学省や関係機関からの通達や調査をいつも抱え，現場から上がってくる膨大な統計資料や相談に日々対応しています。さらに予算が絡むので，教育に関する事業や企画運営について，市町村議会などの答弁にも準備が必要です。**私にとって，**教育委員会は「先生の先生」**だと思い，大いに頼りにしています。

○教師を指導するプロ中のプロ！
○予算，文部科学省，議会対応などなど，
　現場が教育に集中できるように頑張ってくれている！

第1章
第2章
第3章
第4章
第5章
第6章

担当者会

　学校では，担任や専科など子どもたちに教科指導を担う他に，**校務分掌**というものを与えられます。国語や社会などの教科であったり，生活指導や食育などの各種教育，会計や出席簿，学籍などの教育課程に関するものまで幅広くあったりします。学校が組織である以上，教職員で協力し合って運営していくわけですが，**この校務分掌の多くが校内だけの活動にとどまらず，校外においての活動も重要である**場合があります。その組織が「担当者会」です。私の場合はこれまでに，図工，視聴覚教育に生活指導，外国語の担当者会にも所属していたことがありますが，社会科の担当者会に長いこと所属していました。

　担当者会という校外の組織で学んだことも，大変有意義なものでありました。私の所属した担当者会でのエピソードになりますが，お話ししたいと思います。

①　その分野・領域を研究し合う学び合い集団

　私，大学時代は国語科教育の研究室に所属していました。ゼミは国文学で卒論は徒然草に関するものでした。本が好きでしたし，中学時代の恩師が国語の先生でしたので，「国語が好き！国語を勉強したい！」と思い教師になりました。

　初任校では国語の担当になれず，2校目では社会科の担当になりました。「ああ，社会科かあ…」と気落ちしていましたが，その社会科担当者会に入ったことが，私にとっては教師人生最大の転換期だったと言えます。**担当者会で見た研究授業は子どもが生き生きと活動する見たことのない社会科の授業でした。**

　その他にも，国語や外国語の担当者会でも研究授業を見せていただき，そこでもハイレベルな授業に圧倒されて「中学校ではいざ知らず，小学校でも教科のプロっているんだなあ。」と感動しました。

　その後，**自分が研究授業をする際には，担当者会のたくさんの先輩や同僚の先生からアドバイスを頂きました。また，自分が社会科の研究授業をする際には，どうすればよりよい授業になるか，日付が変わるまで指導案を練り上げたこともあります。**今の時代が求める働き方改革に真逆でしたが（笑），それでも「社会科は熱いなあ！」と実感しました。

白熱したら止まらない〜

② 市や県内の子どもたちの ために尽力する集団

授業づくり以外でも，その担当者会内で様々な経験を積ませていただきました。市内の小学生が使う社会科の**ドリルや副読本を編集**したり，**子どもたちが姫路城について自由研究したものを審査**したり，税務署と連携して**租税教育の推進活動**のお手伝いをしたりしました。私の同僚は，兵庫県内の農産物や特産物についての副読本づくりに携わり，それが県内の全小学生に配布されていました。それを聞いて，とても誇らしい気持ちになったことを覚えています。学校とひとことに言っても，小規模校から大規模校，都市部にあれば田園部にあり，また，担任する先生が若手であったりベテランであったりと，同じ市内や県内の子どもたちであっても受ける教育は，まったく同じものであるはずがありません。そしてそれは，その学校の個性や特性として尊重されるものと，どの学校でも一律同様に保障されなければならないものとに分けられます。**担当者会においてそのギャップを解消し，どの学校にいても質の高い教育を受けることができる，それを各教科や領域の担当者会が担っている**と私は思います。

どこの学校に行っても
同じ教育を受けられますように。

みなさんの学校にも，「〇〇先生は，算数の達人」，「ICTのことなら，〇〇先生」という方々はいらっしゃるはずです。そういった方々は，**校内のみならず校外の担当者会などでも活躍をされている**ことでしょう。教師として自分の取り組みが子どもに良い影響を与えるとするならば，担任であれば数十人，校内に広めれば数百人，そして，担当者会で市内に広めれば数十万人…，といったように広げていくと日本全国に届くかもしれません。**担当者会は，我々の可能性を広げてくれる場所**なのです。

小川式4コマ まずは何でもやろうの巻

① かっこいい先輩 社会科の達人 〇〇先生 / かっこいいなぁ～

② どうしたの？ / 先輩！ぼくもはやく専門の教科をもちたいです！

③ あせらず若いうちは，いろいろな教科を幅広く勉強したらいいよ！ / おおおおお！

④ よし！ぼくのモットーは，『浅く，広く』だ！ / がんばれ！

第1章
第2章
第3章
第4章
第5章
第6章

第1章

第2章

第3章

第4章

第5章

第6章

第 6 章

教師としての
スキルアップ

研究授業や研究大会

自主研究会やセミナーへの参加

書籍を通じて学ぶ

見識を広める社会経験

目標

第6章 教師としてのスキルアップ

いよいよ最終章になってしまいました。ここまでいろいろとお伝えしてきましたが，学級担任や教科指導，校務分掌など，そのほとんどが我々に自動的に与えられているものに関しての内容だったように思います。その中では，困ったときに自分からまわりに声をかけることで学ぶことができる，と言ったものが中心でした。この章では，そういったものではなく，**自分の教師としての力量を高めるために学ぶチャンスをつかむ方法やその大切さについてお伝えします。**

もしみなさんが新任や数年の経験しかない若手の教員であっても，**おそらく2～3年，長くとも4～5年もすれば「教師として1年間を終えることができる力」は必ず身につきます。**いろいろな課題や問題に対応する力，与えられた校務分掌や仕事を適切に処理する力，関係機関と連携する力などなど，一通りの力を身に付けることができるでしょう。そしてこの力があれば，その後数十年と続く教師人生をこなしていくことはそう難しいことではありません。なぜなら，我々はこういった力を何かしらの方法で学んできたわけですから，これからも随所随所で学んでいくのです。毎日，毎月，毎年みなさんの教師力は確実に更新されていきます。それは，みなさんが意識せずとも，日頃の子どもとの関わりや同僚との打ち合わせ，何年かに一度経験する研究授業など，成長する場面はちゃんと用意されているからです。

しかし，もし，**成長する場面を自分から求めることができ，そこに自分の身を置くことができる教師がいれば，その教師はどうなるでしょう。**数年間に一度くる成長の場面が，毎年あればどうなるでしょう。もちろん負担は伴いますが，**成長し続ける教師でありたい**と，私は思っています。

先生たるもの成長したいものです。
この本を買ったあなたは
すでに成長しています～

研究授業や研究大会

研究授業ほど，授業力を格段に上げる機会は他にありません。ですから，校内研修における研究授業は，「若い先生」が担当することも多いです。中には，自分から進んで研究授業を引き受ける積極的な先生もいらっしゃいます。素晴らしいことですね。また，そういった**研究の集大成として，各種の研究大会があります。**地区レベルから県大会や近畿大会，そして全国大会といった場所では，素晴らしい成果を学ぶことができます。ここでは，スキルアップのもっとも手軽な方法として，この二つについてお伝えしたいと思います。

① 研究授業は年に１回はすることで，３倍レベルアップ

研究授業はぜひ，毎年何らかの形でいいので取り組んでみていただきたいと思います。校内研修での授業ができなければ，自主公開でもいいのです。取り組むことが大事です。初任時代，「ごんぎつね」の研究授業に取り組みました。指導主事からの指示で全15時間分の展開案を書き，そして，全授業を参観しに毎日来られました。当時は毎日が地獄でした。２時間目に授業を参観され，中間休みの20分間に校長室で指導を受ける，その指導もかなり厳しいご意見ばかりでした。しかし，**指導主事に授業の指導を受けるのが一般の先生方が年に１回とすれば，私は15年分受けた**わけです。そして受けた指導の中で心に残っているのが，「**小川先生，子どもに力つけたなあ。**」といううひと言です。研究授業で教師に力がつ

くのは当たり前です。教材研究に資料収集，板書計画，細案作成など多くのことに取り組むからです。しかし，**肝心の子どもに力がついていない。一生懸命なのは先生だけ。私の授業はそんな授業でした。**そこを厳しく，そして丁寧にご指導くださいました。

それでも，「研究授業なんて，準備が…。」と思われるのなら，簡単な略案でも用意して，先輩に授業を見てもらっても十分です。みなさん，すすんでまな板の上にのりましょう。

がーん…

こんな授業では
子どもも伸びんぞ！

② 研究大会に参加して，おいしいところをいただく

研究授業がもたらす素晴らしい成果については先ほど述べました。かといって，諸々の事情から毎年の実施は難しかったり，自分のしたい教科や分野において指導してくれる方にいつも出会えるとは限らなかったりします。そのようなときには，ぜひ，**研究大会への参加**をお勧めします。職員室でよく回覧が回ってきますし，今ではインターネットでも簡単に調べられます。

研究大会は，その学校が**数年間にわたってひとつの研究テーマに向かって進めてきた成果を発表する場**です。**全国大会ともなると5～6年間取り組む**そうで

す。つまり，6年生の子どもは入学当初から鍛えられてきたことになります。そして**その大会の講師ともなれば国内トッププレベルの方**が関わることが多いのです。その大会に参加すれば，その研究の成果をいただくことができます。なんともおいしい話だと私は思います。

自分の専門としたい興味のある教科や分野の研究会にはおそらく進んで参加されるでしょう。しかし，**同じ市や町で自分にあまり興味のない分野の研究会があったとしたら，そこにもぜひ参加してみましょう。**遠方だと気が引けますが，同じ地区ならすぐに行けますし，知っている先生がいらっしゃるならその方の授業を見てみたいと思うものです。

研究授業は負担があるし，大会に参加すれば自習などの手配も必要です。それでも，その**デメリット以上のメリットがある**ことを私は断言いたします。諺に「若いころの苦労は買ってでもしろ」というのがあります。まさにそのとおりです。無理は禁物ですが，「ちょっとやってみようかなあ。」という気持ちで取り組んでみてはいかがでしょうか。

○ 研究授業は，必ずやるべし！
○ 研究大会に参加すると，必ず得るものがある！

第1章
第2章
第3章
第4章
第5章
第6章

自主研究会やセミナーへの参加

　教師の資質向上に最適なのは，これだと私は思います。**いわゆる「勉強会」**です。研究授業が「実践編」とすれば，こちらは**「理論を学ぶ場」**とでも言いましょうか。国会議員なんかでも党派を超えた「勉強会」や「本を読む会」というのがあるそうです。すごいですね。教育界にも様々な自主研やセミナーがあります。私もこれまでいくつかの会に，定期的にまた単発的に参加してきました。そこでは，**ひとりでは決して得ることができない貴重な学び**を，何度も味わうことができました。

① 定期的に参加できる研修会は，確実に力をつけてくれる

　私は市内の自主研に20年近く所属してきました。前項で触れた社会科の自主研ですが，月に一度集まって実践を報告し合ったり，参加者の研究授業をみんなで練り上げたりしていました。毎回熱い議論が交わされるのですが，**何よりも「同じ釜の飯を食う」という表現がぴったりな集団**でした。

　学校では様々な分野の先生方がいらっしゃって，たくさんのことを学ぶことができます。自主研やセミナーのいいところは，**共通の興味や目的意識をもった集団による学び合い**というところです。社会なら社会，国語なら国語についての力量を高めたい，勉強したいと思っている人間が集まるわけですから，まさに**切磋琢磨**の時間になります。

　私も自主研で自信のあった実践を発表した際に，参加者から厳しいご指摘をたくさん受けました。そんな場面は何度もあり，その度に，**「上には上がいるなあ」**と感じたものです。

上には上がいるもんだなぁ

第1章
第2章
第3章
第4章
第5章
第6章

② 不定期なセミナーへの参加は，自分の世界を広げてくれる

馴染みのある自主研との違いは，そこに新しい出会いがあるということです。何年も一緒に研究をしていると，お互いに刺激になる部分はどうしても減っていきます。しかし，**違うセミナーや研修会に参加してみると，同じ分野であっても考え方が違っていたり，地域によって取り組み方が違っていたりして，「なるほどなあ」ということがたくさんあります。**

また，そこで出会った方々を通じて，また新しい方々とつながっていくこともできます。今ではオンラインでのセミナーもありますから，日本全国の方々と意見を交流し合うことも難しくありません。**場合によっては，国内でも有名な実践家や理論家の方とつながるチャンスが訪れる**こともあります。私も，書籍や広報誌でしか存じ上げなかった方とオンラインで同じテーマについて意見を交わし合ったことがあります。ものすごく緊張しましたが，非常に有意義な時間でした。おひとりではちょっと気が引ける方も，**同僚やご友人といっしょに興味があるセミナーに参加してみてはいかがですか？**きっと素敵な時間になりますよ。

こういった会は，夜であったり土日であったりすることが多いです。**勤務時間外であったり，参加費がかかったりする場合もあります。**若い方々にとっては，自分から進んで行くことはあまりないでしょう。私自身も，先輩や同僚から誘われて参加したのがきっかけです。そして，その場の空気にはまってしまったのです。しかしながら，もし，そのセミナーが自分に合わないと感じたら，次からの参加を見合わせればいいのです。あくまでも「自主的」に学ぶわけですから。みなさんの貴重な時間です。余裕があれば，学校とはまた違った空気を吸うのもいいものですよ。

○定期的に参加して，レベルアップ！
○すごい先生は，たいていどこかに参加している！
○不安なら誰かと一緒に参加する！

書籍を通じて学ぶ

　教師をしていて，仕事に関する書籍を1冊も購入したことがない人はおそらくいないでしょう。**明日からすぐに使えるHow to本やワークシート集から，その教科の本質について書いてある難しい理論本**まで様々な書籍があります。残念ながら教育関係の書籍は書店によっては取り扱いが少ない場合があり，実際に手に取って中身を見てみようと思えば大型書店に行くか，インターネット販売にある試し読みなどをする方法しかありません。しかし，書籍は多くのことを教えてくれます。前述の研究大会には行きにくい，セミナーへの参加も難しいという方は，書籍にてスキルアップを図ってみてはいかがでしょうか。

①　若いうちは手あたり次第に買ってもいい！

　私は，**毎年4月は書籍をいわゆる爆買いしていました。** 例えば5年生担任と決まれば，書店に行って，とりあえず5年の国算社理の全単元の流し方や板書がわかるもの，1年間の学級経営が書いてあるもの，あと月刊誌も申し込んでいました。ついでに，授業で使えるネタ本や算数おもしろ問題集みたいなものも購入していました。最初は授業の前によく読んでいたものの，次第に読まなくなっていきました。それでも毎年同じことを繰り返していました。

　How to本がメインでしたが，研究授業をする時はその単元についての実践研究の書籍であったり，国語の文学作品であれば筆者に関する書籍を購入したりしました。読むか読まないかは別にして，**あると安心したものです。本を購入することで，勉強した気になったわけです。** そしてまた数年後，再度5年生を担任した時には，それらの書籍が再び日の目を見るわけです。購入当時は理解できなかったけれど，成長した自分ならそれを活用できる部分も増えているというわけです。

買って満足するタイプです。

新品の本たち

②　自分に合う本も合わない本も，どちらも大切

　みなさんにとって尊敬できる先輩の先生がいれば，その方に**「いい本ないですか？」**と尋ねてみてください。きっと，その先生お気に入りの書籍を教えてくださいます。そしてそれはきっと，その先生の魅力につながるものであるはずです。即購入する勇気がなければ，一度お借りして読んだ後に自分でも購入するのもいいですね。私の経験上，**借りた書籍はなかなか手に取りませんが，自腹を切った書籍は必ず読みます。**書籍にも自分との相性がありますから，紹介されたものが「う～ん…」という場合もあります。しかし，それも大事なのです。教師にとって日々の取り組みで成長する過程に**「これはいいな。続けよう。」という思考**だけではなく，**「これはちがったか。次からやめよう。」という思考**があります。それに気づくことは，自分のやり方や価値観を持っているという裏付けになります。つまり，合う合わないどちらになっても，書籍からは学ぶことができるのです。

本は自分への投資です。ですからこの本を色々な人に紹介しましょう！

教師になったら読む本

　「書籍を購入することは自分への投資だ」という言葉を聞いたことがあります。世界中で日本人ほど読書をする民族はいないそうです。教師になる方は，たいていが読書好きです。私も小説が大好きです。読書が好きな方は，その時間をたまには教育書に回してみてはいかがですか？　自分の知らないことを手軽に学ぶことできる，セルフ研修になりますよ。

○ 書籍は買って損はなし！
○ その時は活用できなくても，将来活用できることがある！
○ 先輩に借りて読むのも OK ！

見識を広める社会経験

　難しく書きましたが，要は**いろいろな人と出会っていろいろな経験を積んでください**ってことです。幅広い価値観や見識を求められる職業は，教師を除けばあとは映画俳優ぐらいでしょうか。役作りのために実際にその職業に短期間就いてみるといった話を聞いたことがあります。なぜ教師にそのような幅広さが必要かと申しますと，**我々が出会う子ども達の将来が幅広い人生だから**です。様々な価値観をもつ子ども達を育てるのですから，こちらはそれ以上の引き出しが必要です。**ひとりの大人として広く深い魅力を持っていることが，教師の大切な資質の一つ**だと私は思います。

①　人間の幅を広げてくれるのは，一番は友人

　みなさんのご友人の中に，教職でない方は何人ぐらいいらっしゃいますか？大学時代の友人ともなれば，ほとんどが教職になる方が多いと思いますが，私の中学や高校の友人グループはほとんどが教職ではありません。そして，その職種は市役所に製薬会社，システムエンジニアに中華料理屋，中には政治家もいます。たまにしか会いませんが，それぞれの近況をワイワイと話すだけでも，本当に面白いです。**「へえ〜，そんな世界があるんやなあ。」**と思います。

　子ども達に，「この前先生の友達に会ってなあ。その友達は車のエンジンを作ってるんやけど，何で作ってると思う？」と聞くと，「工場！鉄！」という子ども達。「実は，パソコンで作ってるんやって。」と言うと，「ええ〜！どうやって？？」と盛り上がりました。まあ，ただの雑談なのですが，自動車好きの男子の目はキラッキラでした。

　私はたいして物知りではありませんし，幅広い価値観も持ち得ていませんが，**たくさんの友人たちのおかげで，彼らの魅力を自分のものとして子ども達に示すことができています。**

みんなありがとう！

② 自分の趣味は，宝の山

自分の趣味について，子どもに話したことはありますか？ 映画鑑賞に読書，旅行にスポーツ，ドライブなどなど，ぜひ子ども達に話してあげましょう。きっと，**大好きな先生のいつもと違う一面が聞けて嬉しい**はずです。そして，その趣味を授業にも活かしてください。

例えば，**旅行に行った時の遺跡や寺院などの写真**を撮ってきて，社会科の歴史の授業で使う。映画が好きな方は，お気に入りの映画やその中の場面を，**外国語の授業で世界の国々のひとつとして紹介する**。スポーツが好きな方は，休み時間に子ども達といっしょに走り回るだけでなく，何か**すごい技を見せてあげてください**。縄跳びぐらいならすぐにいろいろな技を習得できますよ。**趣味を楽しめば楽しむほど，自分の指導力が上がっていく**ことになるのです。

授業でつかったら子ども達よろこぶぞ〜

教師としての力量を上げることはとても大切なことです。しかし，**子ども達にとっての私たちは，知識を伝達するだけの存在ではない**はずです。いっしょに勉強して，笑って，泣いて１年間を過ごす親以外のもっとも身近な大人である私たちが，様々な魅力を持ち合わせていることで，**子ども達にとって「こんな大人になりたい。」と思わせる**ことができます。私たちは先生とも呼ばれます。「先に生まれた」と同時に，「先を生きている」という生き方のモデルを子ども達に伝えることも，大切な役割のひとつだと私は思います。

小川式4コマ 　**大人っていいなぁ**の巻

目標

もしあなたが，教師になったばかりの方なら，まずはおめでとうございます。数年間教師を経験している方なら，これからも頑張ってくださいね。現在教師を目指している方なら，現場に来るのを待っていますよ。ということをまずはお伝えさせてください。そして，この項は，**「すでに数年間教師を経験している方」に向けてのお話が中心になる**ことをご容赦ください。最後にお話したいことは，ずばり「目標を立てること」です。

① 1年間の校内での目標で，日々を頑張る！

まずは，**4月に「学校の中でできること」の目標**を立てましょう。クラスのことや校務分掌について，昨年までのことを振り返ったり，今年新たにチャレンジすることを考えたりして，**具体的に3つぐらいの目標**が立てられたらばっちりです。私の場合，「学級通信を100号出す」，「休み時間に子どもと遊ぶ」，「研究授業を一本頑張る」というのが多かったです。**実現できなくてもいい**のです。教師の仕事は，具体的な数値で表せる「販売目標」や年間の決まった時期にやってくる「決算時期」などに当てはまる目標は持ちにくいのです。そもそも，子ども相手ですから「子どもの変容」を目標にするのは，ちょっと難しいのです。ですから，まずは，**自分自身が日々取り組める目標**を立てましょう。

② 校外で自己研鑽する場を設定する！

この本でお話した書籍を読むことや，サークルに参加するといった**自己研鑽の場**を目標として立てましょう。「1ヶ月に1冊本を読む」，「毎月○○サークルに参加する」など，月ごとに達成できたかどうかの目標がお勧めです。私の場合，本は月の始めに買ったのにそのまま読まずに月末まで放置し，31日に慌てて読んでノルマ達成したことが何度もあります。これでも読まないよりはマシだと思ったものです。サークルへの参加はお勧めですね。予定が決まっているものですから，自分の意欲に関係なく取り組めます。課題や宿題が出る場合は，ちょっと頑張らないといけないですけどね。それでも，**1年間続けた場合，かなりのレベルアップにつながります**よ。

第1章

第2章

第3章

第4章

第5章

第6章

③　10年後の自分を想像し，理想の教師像をもつ！

　5年後でも，10年後でも，20年後でもいいのです。**自分の理想の教師像をもつことが大切**です。できれば，具体的なイメージが持てる教師像にしましょう。「授業が上手い先生」ではなく，「授業で子どもをばんばん発言させる先生」や「資料で子どもを惹きつける先生」など，具体的な方が目指しやすいです。今みなさんの頭の中には，どなたか先輩の先生が浮かびましたか？　そうです。**きっとみなさんには，「目標とする先生」がいらっしゃる**はずです。もちろん，自分の恩師が理想の教師像であってもいいのです。**その方の年齢に自分がたどり着いたときに，そのような立派な先生になって**いるかどうかを考えましょう。どうすればその先生に近づけるのか，それがみなさんの理想の教師像であり，みなさんの目標でもあります。そして，そのような理想とする先生がたくさん増えれば増えるほど，みなさんは素晴らしい先生へと歩んでいくことになります。

ベテラン先生

あんな風になりたいなぁ

　私が新任時代を過ごした上郡町から姫路市に異動するとき，心に誓ったことがあります。「**絶対にいつの日か，自分の名前があの町に届くようにする！**」です。大それたことを思っていましたが，心の中にはいつもそれがありました。今でもあります。**自分を育ててくれた町に対して，恥ずかしくない教師でありたい**という思いが，困難な時にも自分を支えてくれています。私の目標は，いまだに達成できていませんが，いつの日か必ず成し遂げたいと思っています。みなさんの目標が，みなさんの心を支え，日々の努力の道しるべになることを心から願っています。

わたしの目標は，

＝＝＝＝＝＝＝＝です！

あとがき

「学校の先生かあ，すごいよなあ。」

　友人からよく言われる言葉です。教師になりたての頃だけでなく，今現在でも言われます。私にしてみれば，企業で中間管理職としてバリバリ活躍していたり，海外駐在で現地で手腕を振るっていたりする友人たちの方が，よっぽどすごいと思うのですが，彼らにしてみれば，「学校の先生」というのはなにか特別な職業であるようです。

　そんな職業に就いて20年を超えた節目に，これまでに自分が学んだことをちょっとまとめてみようかなあと思ったことがきっかけで，この本は誕生しました。日頃から，生活指導や校内研修に関しての瓦版を職員に発行し，自分の経験上で学んだことや「こんな学校だったらいいなあ」と思ったことを文章にしてきていました。「それをまとめていったら，すぐにできるだろう」という安易な発想でスタートしたのですが，筆を進めるうちに様々なことが思い返されてきました。先輩方との会話や地域の方々とのつながり，同僚とともに必死に取り組んだ数々の行事や実践など，とても1冊に収まるようなものではありません。そこには幾多ものドラマがあり，数え切れない失敗や忘れられない思い出もあります。

　私の同僚には，親が教師だったという方が多くいます。親の背中を見て育ったのでしょう。しかし，私の親族には誰一人教師はいません。そんな私が教師を目指し，今の自分があるのは，学生時代に素晴らしい先生に出会った他にありません。当時から大好きだった先生もいれば，逆に当時は決して好きではなかったけれど大人になってからその愛の深さに気づかされた先生もいます。

　憧れを抱いて飛び込んだ教師の世界。挫折も多くありましたが，それでも，これほどまでに魅力的な仕事はないと私は思います。毎日違うことが起こり，仕事はやればやるほど力がつき，そして，毎年笑顔の出会いと涙の別れがある。なんとも幸せな職業だと思いませんか。

　一緒に勤めさせていただいた校長先生でこんなことをおっしゃった方がいました。

　「明かりのついた家の中にいたらその明るさはわからないけれど，外にいる人間から見ればよくわかる。そして，世の中の人間は，明るい家の中にいる人もいれば，暗い外にいる人もいる。ただ，私を含めた先生方は，間違いなく明るい家の中にいる人間なんです。外にいる人のことを忘れてはいけません。」

教師になる方は子どもの頃から様々な面で他の人より秀でていたり，ややもすると目立つ存在であったりした方が多いと思います。誰かを育てる立場になるということは，自分に自信がないとできません。

　私は，先生とはこうであるべきだと思います。自意識過剰ではなく，「自分が教師であることに誇りを持つ」ことが大切です。私たちは教師です。子ども達を育て，保護者を支え，地域に貢献する教師です。誇り高い仕事なのです。だからこそ，どんなに忙しくても，夜中まで一生懸命に教材研究をしたり，床にひざをついて一生懸命に子どもの話を聞いたりすることができるのです。そして，そんなみなさんだからこそ，子どもや保護者はついてくるのです。

　私がこれまで経験してきたことが，この本を読んでくださった方々にとってどれほど役に立ったかはわかりませんが，ひとつでもうなづいていただくことがあったなら，心より嬉しく思います。

　最後に，この本の執筆にあたりご指導ご鞭撻頂いた大阪書籍印刷の加幡様，三晃書房の編集部の方々には，深く感謝申し上げます。ありがとうございました。

令和３年３月　小川真也

小川　真也（おがわ　しんや）

1977年生まれ・兵庫県姫路市出身。

岡山大学教育学部を卒業後，兵庫県赤穂郡上郡町にて児童数14名の学級担任から教職をスタート。学生時代は国語を専攻していたが，イギリスに留学経験があり教員免許は小学校の他に中・高の国語と英語を所持。主な研究教科は社会科で兵庫県内各地で講師として招かれるが，生活指導，学級経営術，視聴覚教材開発，外国語指導など幅広い分野においても活躍している。特技はファイヤーダンスとルービックキューブ。教育系サークル「風車の会」主宰。令和２年度兵庫県優秀教職員受賞。東洋館出版「板書シリーズ６年社会科」執筆。現在も，姫路市内で教壇に立ちながら，休み時間は子ども達と運動場を走り回っている。　メール　shin_ogawa7@yahoo.co.jp

参考文献

上條　晴夫
池内　清　　　５分間でできる学習遊びベスト50　　たんぽぽ出版　2003
佐内　信之

中村　健一　　爆笑授業の作り方72　黎明書房　　2010

向山　洋一　　学級づくり―集団への対応QA事典　　明治図書　2000

小野田　正利　親はモンスターじゃない！　学事出版　2008

仲島　正教　　教師力を磨く　大修館書店　2006

東井　義雄　　子どもの心に光を灯す　致知出版社　2013

東井　義雄　　自分を育てるのは自分　致知出版社　2008

安野　功　　　授業実践ナビ　文溪堂　2010

澤井　陽介　　社会科の授業デザイン　東洋館出版社　2015

北　俊夫　　　なぜ子どもに社会科を学ばせるのか　　文溪堂　2012

きょうし　　　　よ　ほん
教師になったら読む本

2021年（令和3年）3月31日　初版発行

編　著　者　　小川真也
　　　　　　　　　おがわしんや
発　行　者　　佐々木秀樹
発　行　所　　三晃書房
　　　　　〒558-0041　大阪市住吉区南住吉4-7-5　TEL：06-6695-1500

デ ザ イ ン　大阪書籍印刷株式会社

印刷・製本　　大阪書籍印刷株式会社